LA TRACE

DU

PESSIMISME

DANS LA SOCIÉTÉ

ET LES LETTRES FRANÇAISES CONTEMPORAINES

Deux conférences prononcées à Montauban

PAR

DANIEL BOURCHENIN

PASTEUR DE L'ÉGLISE RÉFORMÉE DE SAUVETERRE
DOCTEUR ÈS LETTRES

I. — LES ORIGINES

> Qu'est-ce qu'une ombre? La preuve du soleil. L'âme humaine est toujours en travail d'une poésie et d'une foi.
>
> De Vogüé. *Disc. de récep. à l'Acad. fr.*

PARIS

GRASSART, LIBRAIRE-ÉDITEUR

2, RUE DE LA PAIX, 2

LA TRACE

DU PESSIMISME

DANS LA SOCIÉTÉ

ET LES LETTRES FRANÇAISES CONTEMPORAINES

Shoo

1892. — Coulommiers. Imp. PAUL BRODARD.

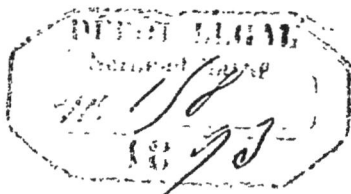

LA TRACE

DU

PESSIMISME

DANS LA SOCIÉTÉ

ET LES LETTRES FRANÇAISES CONTEMPORAINES

Deux conférences prononcées à Montauban

PAR

DANIEL BOURCHENIN

PASTEUR DE L'ÉGLISE RÉFORMÉE DE SAUVETERRE
DOCTEUR ÈS LETTRES

I. — LES ORIGINES

> Qu'est-ce qu'une ombre? La preuve du
> soleil. L'âme humaine est toujours en tra-
> vail d'une poésie et d'une foi.
>
> DE VOGÜÉ, *Disc. de récep. à l'Acad. fr.*

PARIS

GRASSART, LIBRAIRE-ÉDITEUR

2, RUE DE LA PAIX, 2

—

A LA JEUNESSE PROTESTANTE

FRANÇAISE ET PATRIOTE

Foi, Espérance et Charité.

D. B.

1

LA TRACE
DU PESSIMISME

I

LES ORIGINES

INTRODUCTION

L'épigraphe que j'ai choisie, je l'emprunte à
dessein à l'un des hommes distingués dont l'au-
torité semble le moins sujette à caution dans le
monde des lettres, à l'un des conducteurs avérés
de la jeunesse contemporaine, un de ses confes-
seurs authentiques, j'allais presque dire à un
prêtre libre de ce néomysticisme dont il est
certes raisonnable de parler puisque ce culte nouveau constitue l'actualité par excellence. Heu-

reuse actualité, qui nous console de beaucoup
d'autres dont les symptômes troublants avaient
épouvanté naguère tant d'esprits réputés forts.
Les Buloz de 1891 n'ont plus à refuser les arti-
cles des Proudhon qui s'aventurent à examiner
Dieu. Nous pouvons sans trop de témérité tirer
l'horoscope des temps meilleurs où le conseil
de la Ville-Lumière renoncera lui-même à son
La Fontaine tenu à jour :

> Petit poisson deviendra grand
> Pourvu que *l'on* lui prête vie.

Sans doute la question douloureuse que je vais
aborder se rattache plutôt à l'actualité d'hier qu'à
celle d'aujourd'hui. Hâtons-nous d'en parler avant
qu'elle paraisse poncive.

Elle est encore actuelle cependant, mais le sera-
t-elle dans dix ans? Au pied de la statue de
Lamartine, M. Sully-Prudhomme disait que l'âme
de la France, pour diverses raisons, est devenue
mélancolique et qu'elle le restera longtemps. Oui,
longtemps encore les plaintes désespérées de la
génération à laquelle appartiennent les hommes
de mon âge seront répercutées par les différents
échos du monde où vous vivrez; mais ces gémis-

sements sont peut-être destinés, sinon à s'éteindre, du moins à s'attendrir, à se résoudre en vibrations plus douces, partant plus humaines! J'espère, pour ma part, et je crois que cette lente évolution, faite de pitié et de raison, s'accomplira graduellement dans notre société plus franchement civilisée; en un mot, j'ai foi au progrès.

Pour l'heure que nous traversons, elle ne saurait prêter à des interprétations équivoques, il s'agit bien ici d'une crise morale et religieuse. Les hommes ont un penchant manifeste à caractériser ainsi l'époque où Dieu les appelle à vivre. Crise ou décadence, tel est le dilemme dans lequel ils sont portés, les moralistes surtout, à enfermer leurs contemporains. Ce jugement, teinté de pessimisme instinctif, n'a rien de scientifique, souvent rien de fondé, si le propos est formulé d'une manière absolue : il provient en général de ce fait, de ce truisme, qu'on est toujours bien plus frappé des événements auxquels on se trouve mêlé que des choses passées. D'autre part, on est en droit de dire que ce même diagnostic, ramené aux proportions du relatif, est presque toujours juste, parce que le monde est, quoi qu'on fasse, en état de crise perpétuelle,

chaque siècle ayant à élaborer les idées du siècle
qui le presse, chaque période ayant à préparer la
genèse des œuvres spirituelles que la suivante va
transformer à son tour et chaque envolée du
temps signifiant aux hommes la vérité du beau
vers de Lucrèce :

Quasi cursores vitaï lampada tradunt.

M. de Vogüé a donc raison. L'âme humaine est
toujours en travail d'une poésie et d'une foi, et
la loi sacrée du travail, que Dieu a édictée pour
l'homme investi de liberté dans tous les domaines, se trouve confirmée par toutes les gestations
comme par tous les enfantements de l'histoire. Il
y a, dans ce labeur incessant, des moments d'activité féconde et glorieuse, des moments de fatigue
et d'épuisement ; des efforts puissants et mul-
tipliés, puis des accalmies ou des défaillances ;
mais cela n'empêche pas le travail général civili-
sateur d'avancer, malgré des temps d'arrêt, malgré des déchets constants, malgré des poussées
en arrière et des désordres sans nombre. Il y a
des ombres sur notre globe, et je crains fort qu'il
n'y en ait toujours ; mais qu'est-ce donc qu'une
ombre ? la preuve du soleil.

Le tort de certains esprits est de ne considérer
que l'ombre, de se complaire dans cette étude et
cette contemplation et d'oublier que le soleil
existe. Sans pousser la métaphore à l'extrême et
faire de Dieu l'auteur du mal, il me sera permis,
je pense, de comparer Dieu au soleil bienfaisant,
la vie présente à un paysage où se jouent les
rayons et les ombres, les joies et les douleurs.
Le pessimiste prétend que tout est mal, que les
cieux sont voilés ; s'il admet des ombres, il n'en
trouve jamais de rafraîchissantes ni d'agréables ;
il les maudit toutes, comme on maudit celle du
mancenillier. Et comme pour lui la vie entière est
une nuit lugubre et glacée, il maudit la vie,
n'ayant d'ailleurs aucune compensation à espérer
dans l'avenir, aucun recours dans le présent,
sinon la possibilité de se ruer au néant quand sa
volonté n'est pas encore assez ravalée pour lui
interdire même ce pitoyable refuge ! Ah ! si reprenant l'image pour un autre argument, qui est
bien celui de M. de Vogüé, nous appelons du
nom de soleil l'éternelle réalité de l'Idéal rêvé, le
souverain Bien, qui transfigure la vie et lui rend
sa valeur, n'aurons-nous pas raison de parler
d'ombre avec lui en songeant à ce pessimisme

désolé, blessure saignante faite au flanc de notre
siècle expirant, mais blessure qui peut être soi-
gnée et guérie, ombre qui peut après tout n'être
qu'un phénomène transitoire et la preuve de
l'Astre du jour!....

Avant d'aller plus loin, il importe que nous tra-
cions d'une façon brève le plan que nous allons
suivre. Notre but n'est pas de traiter au fond la
question du pessimisme, qui relève du programme d'un cours de philosophie ou de morale
contemporaine. Ce serait tenter l'impossible en
versant dans une humble conférence tout le contenu d'un livre : l'entreprise serait aussi vaine
que l'idée chimérique. N'oublions pas que le pessimisme est dans son essence aussi vieux que le
monde : l'étude seule de ses origines et de son
développement à travers les âges exigerait un
volume. Il est vrai qu'il y a lieu de distinguer
très nettement entre le pessimisme *spontané*, fait
psychique ou instinctif qui a toujours existé,
parce qu'il est une catégorie de l'esprit humain,
un penchant de nature, un tempérament propre
à faire éclater « cette crise cérébrale et littéraire
à la fois », dont parle M. Caro, et « qui dépasse
l'enceinte d'un système »; et le pessimisme *rai-*

sonné, conscient, tendance d'école ou système philosophique porteur d'une cosmologie spéciale dont l'objet est de fournir une certaine solution du grave problème de la vie et de la destinée. Mais dans ce second mode les nuances sont infinies et ce n'est guère qu'à partir de Schopenhauer que la doctrine s'affirme comme une science prétendant à l'explication universelle des choses sous le nom qui lui a été conservé depuis. Nous n'entrerons pas dans les discussions métaphysiques de l'école, n'ayant pas à raconter l'histoire de cette philosophie hors de France. C'est dans notre pays et dans notre société que nous vous conduirons de préférence, notant seulement au passage les points de contact avec les doctrines non autochtones.

D'ailleurs, même contenu dans de telles limites notre sujet ne perdra pas son caractère purement psychologique et social, car il n'y a pas en France à proprement parler de philosophie pessimiste; il y a seulement des tendances dignes de ce nom, des doctrines bien connues aboutissant par leurs conséquences logiques mais impitoyables à la faillite irrémissible de l'humanité, des infiltrations du dehors ou du dedans pénétrant certaines

couches de la société et surtout une large propa-
gation de cette épidémie d'un nouveau genre
dans la cité littéraire, où théoriciens et artistes
sont généralement tributaires du fléau.

Abordant la question des origines du mal, puisque nous convenons à *priori* qu'il y a là un mal,
nous aurons à nous demander si tout cela est
bien sérieux; car enfin nous ne voudrions pas
être les dupes bénévoles d'une mystification littéraire ou sociale. Pour nous aider à comprendre
il nous sera bon d'interroger le génie français
historique, afin de surprendre les traces de pessimisme qui peuvent se montrer dans ses manifestations ordinaires et de restituer aux apparences
leur véritable nom. Nous verrons ainsi à l'œuvre
les principaux penseurs et les écrivains contemporains, bornant ici notre tâche à marquer d'un
trait leur physionomie, car le temps nous manque
pour achever les portraits, c'est-à-dire pour met-
tre à nu le fond des âmes en sondant toutes les
œuvres. Le résultat pratique pourra être de donner comme une vue d'ensemble de la question,
une évocation sommaire des figures les plus
nécessaires à connaître, qui se dégageront de
leur milieu confus sous une forme plastique,

comme les détails d'un paysage se dessinent
insensiblement à travers les dernières vapeurs
d'un brouillard qui monte. Mais si en France les
littérateurs sont de connivence avec le goût
public pour le façonner d'abord, le servir ensuite,
nous ne serons plus surpris de l'influence qu'ils
exercent dans certaines régions de la société qui
lit : arrivés là, nous n'hésiterons pas à relever
des faits significatifs, à sérier ce que l'on est con-
venu d'appeler des documents humains, afin
d'observer loyalement cette « marche à l'abime »
dont parlait naguère un de vos anciens profes-
seurs, l'attrayant et sincère psychologue des
Défaillances de la volonté. Parvenus au fond de
cette géhenne terrestre, nous nous hâterons de
monter d'un saut à notre point de départ pour
conclure dans une atmosphère plus tonique.

Mais, direz-vous, c'est une véritable enquête
sociale que nous allons faire! Plût à Dieu. A le
bien prendre, c'est là ce que nous devrions faire.
Les circonstances nous obligent à nous en tenir
aux simples linéaments de cette grande enquête
qui rappellerait à certains égards celle que le
romancier contemporain le plus en vue poursuit
avec une rare obstination pour arracher à l'os-

suaire des âges en une résurrection cynique le
cadavre déjà décomposé de l'homme du second
Empire. D'ailleurs nous désirons éviter chemin
faisant les anathèmes convenus et les autodafés
d'une pruderie fatigante que notre protestantisme avec son *cant* austère et soucieux de l'édi-
fication, mais parfois injuste ou superficiel par
défaut d'information, prodigue sans trop de dis-
cernement dans la presse et dans les livres
comme dans le sermon banal ou la conversation.

PREMIÈRE PARTIE

ORIGINES PHILOSOPHIQUES

CHAPITRE PREMIER

ORIGINES MORALES DISCUTABLES

Y a-t-il eu vraiment une grande manifestation pessimiste dans la littérature et par action réflexe dans la société contemporaine française? Est-ce une révolution ou une évolution? On peut, si l'on est subtil, épiloguer longuement sur la valeur propre de ces deux termes, qui d'ailleurs sont élastiques et susceptibles d'une application variée suivant les disciplines : en histoire ils me paraissent plus près l'un de l'autre qu'en religion par exemple. Il n'y a guère de révolution proprement dite. Il faut donc admettre que certains facteurs sont venus préparer et diriger ce mouvement. Quant aux origines littéraires et scientifiques, elles sont relativement aisées à

retrouver et les fils conducteurs ne manquent
pas : on opère sur un terrain solide et reconnu.
Mais lorsqu'il s'agit d'établir nettement les causes
psychologiques ou morales, on demeure moins
sûr de saisir la vérité; on a peur de prendre l'effet
pour la cause.

Un jeune écrivain de talent, M. Honcey, énu-
mérait dernièrement les origines de cette dys-
pepsie morale, comme il l'appelle, et notait
successivement l'abus de l'analyse, le libertinage
précoce, le surmenage intellectuel, l'instabilité
politique; enfin au-dessus de ces causes secondes
il place l'incertitude ou le vide religieux. C'est
fort bien : mais est-il certain qu'il y ait là une
série de causes? D'autres pourraient y voir au
contraire les effets attendus du pessimisme, trans-
posé de la théorie dans la pratique. Auraient-ils
tort? Faudrait-il pour trancher le débat, faire de
l'histoire positive et invoquer des dates? Mais je
le répète, s'il est facile, à certains égards, de
fixer des dates quand on entre dans le domaine
des influences philosophiques, il n'est guère
admissible de recourir à une pareille ressource
quand on a devant soi cette chose impalpable,
fluide, impondérable, qui a nom, si vous voulez,

le vent de l'esprit, l'idée-force dans sa libre pesée sur les esprits.

L'abus de l'analyse? Mais que fait le pessimisme sinon pousser les artistes et les écrivains dans cette voie? — Le libertinage précoce? Mais le pessimisme pratique n'a-t-il pas eu pour effet de dépraver l'imagination déréglée et les sens irrités des plus raffinés comme des plus grossiers, des vieillards comme des enfants? — L'instabilité politique? Mais le pessimisme n'a-t-il pas pour conséquence ou bien une colère violente qui pousse à détruire ou bien une apathie résignée à tout, qui laisse le champ libre aux fauteurs de révolutions? — Le vide religieux? Mais le pessimisme aboutit à la glorification du bouddhisme, qui, s'il entend être une religion, ne saurait pourtant se formaliser lorsque nous l'appellerons la religion du vide. Reste le surmenage intellectuel, le *cramming* des Anglais, ce que M. Fouillée appelait récemment la transformation des élèves en phonographes, qui est en effet une cause et qui l'est de toute évidence. Mais à part ce fait particulier, nous disons que le pessimisme est à la fois engendré par les causes décrites et père à son tour des mêmes phénomènes, ce qui frappe de

caducité toute théorie absolue. Et si M. Honcey
n'a vu que des causes dans les faits signalés par
lui (il aurait pu en citer d'autres sur lesquelles
nous reviendrons), c'est qu'il avait besoin de cette
distribution psychologique — nullement con-
trouvée d'ailleurs — pour tirer des entrailles
encore chaudes d'un pessimisme moribond le
néo-christianisme dont il saluait la naissance.
Nous verrons pourtant plus loin que notre diagnostic n'est pas plus contestable.

CHAPITRE II

ORIGINES PHILOSOPHIQUES DIRECTES

§ 1. — Les anciens.

Les origines philosophiques, où faut-il les chercher?

Ici la base d'investigation ne laisse place à
aucune hésitation possible : nous rentrons dans
l'histoire. Ne serait-ce pas fausser le ressort
de notre investigation que remonter jusqu'aux
anciens pour marquer dignement la contribution
de la philosophie proprement dite à l'évolution
pessimiste de la pensée? Oui, l'école cyrénaïque
a existé et l'hédonisme d'*Hégésias* est vraiment
un mode du pessimisme; il en a épuisé toute la
substance en proclamant la recherche du bon-

heur le principe de la sagesse, mais en déclarant
le bonheur τὶ ἀδύνατον καὶ ἀνυπρακτόν, et en pous-
sant ses disciples au suicide par l'horreur de la
vie, à tel point que le roi Ptolémée consterné des
conséquences inattendues de cette morale dite
du plaisir prit des mesures d'ordre et fit fermer
l'école. Nos lettrés connaissent Hégésias le Πεισι-
θάνατος, *qui conseille de mourir*; mais ce sont les
illettrés qui imitent ses disciples; les autres,
n'ayant pas ouï dire que ce philosophe ait prêché
d'exemple, ou retenus apparemment par l'*aboulie*,
ont en général peur de la mort.

Trois siècles avant lui avait vécu *Héraclite*,
sorte de rationaliste fataliste dont la morale n'a
assurément rien de pessimiste dans le sens
absolu du mot, mais dont le système de l'Ἐκπύ-
ρωσις n'a rien de bien réjouissant. Il ne prétend
pas que sa ῥοή perpétuelle soit mauvaise en soi.
Mais un déséquilibré tel que Chambige nous
révèle dans ses *Confessions* qu'il a reconstitué
pour son propre compte, au milieu des larmes,
avant la vingtième année, le système entier
d'Héraclite : πάντα ῥεῖ, tout coule! Et cet aveu
nous suffit pour justifier ici la mention d'un tel
philosophe. Toutefois ces deux noms me parais-

sent devoir être seuls invoqués à cette place,
Lucrèce n'ayant eu de réelle influence que sur
la génération d'avant 1870.

§ 2. — Schopenhauer.

Il nous faut maintenant faire un saut de vingt-
deux siècles pour retrouver des philosophes
dont l'action soit certaine sur notre génération.

Ici nous rencontrons le grand nom de Schopenhauer, le vrai père du pessimisme philosophique
contemporain. Pendant toute la durée de sa carrière de fécondité, c'est-à-dire pendant toute la
première moitié du siècle, son influence est
restée presque nulle dans son propre pays, tota-
lement insensible à l'étranger. Ce n'est que dans
la seconde moitié du siècle qu'il est arrivé à la
renommée et qu'il a exercé un véritable empire
sur les esprits d'outre-Rhin ; pour dire le vrai,
c'est à sa mort qu'il a conquis cette hégémonie
psychologique qui n'a pas été sérieusement con-
testée. Heureux pessimiste, qui, avant d'expirer,
a pu entendre le *Væ victis* qu'il n'avait cessé de

proférer contre les hégéliens, répété enfin par
toute une société intellectuelle! Schopenhauer
n'a pourtant trouvé de francs admirateurs dans
notre pays que depuis la guerre de 1870, qui a
tourné les regards de nos compatriotes cultivés
ou avides de culture vers l'Allemagne savante
à peu près ignorée ou passée sous silence tant
que dura l'Empire. Encore ses admirateurs l'ont-
ils plus admiré que cru sur parole. Ce sont les
déterministes qui l'ont traité avec le plus de
faveur, lui le farouche adversaire du panthéisme :
car, singulière ironie des philosophies de ce
monde, de même qu'un hédoniste à la façon
d'Hégésias a prétendu enseigner la morale du
plaisir, de même un idéaliste intransigeant à la
façon de Schopenhauer a prétendu faire pivoter
tout son système autour de la seule Volonté! Il
la fixe si bien qu'il la voit partout, c'est-à-dire
nulle part. Mais laissons sa doctrine qui, je crois,
n'a été reçue qu'à correction dans nos acadé-
mies.

C'est l'éminent critique de la *Revue des Deux
Mondes*, M. Brunetière, qui semble avoir pris
devant le grand public la posture de défenseur
attitré des idées du « sage de Francfort ». Je dis

défenseur et non missionnaire, parce que cet
honnête écrivain, vrai Dufaure de la critique,
passe sa vie à plaider ou à combattre, en quoi il
a raison, puisque tel est le tour de son esprit;
mais comme font les avocats, il n'endosse souvent les causes de ses clients qu'à l'audience.
Il nous souvient que dans une remarquable
conférence, faite en 1886 au cercle Saint-Simon,
M. Brunetière affichait hautement ses sympathies
pour le pessimisme; mais à le bien prendre, il se
prononçait surtout pour le sentiment pessimiste,
c'est-à-dire pour l'instinctif, celui qui n'est qu'un
état d'âme, et la preuve c'est qu'il plaçait réso-
lument Jésus parmi les pessimistes, ce que d'ailleurs nous ne saurions accorder à aucun point
de vue. Il faisait du reste à Schopenhauer une
part congrue dans la répartition des impulsions
données. Mais à la fin de 1890, il prend position
avec plus d'assurance et entreprend l'apologie
du système. Est-ce bien le système auquel il
souscrit? Après la lecture de l'article, on croit
s'apercevoir que le critique a sollicité les textes.
C'est la tendance du maître, non sa métaphysique, qu'il proclame légitime et supérieure.
Comme lui, il en appelle à l'expérience, invoca-

tion téméraire, car les pessimistes n'y trouvent
pas toujours leur compte; mais c'est un argument qui leur tient à cœur. Comme lui, il voit
dans le pessimisme le principe générateur de
tous les progrès et de toutes les vertus, tandis
qu'il attribue au plat optimisme des panthéistes
et des chrétiens dégénérés toutes les stérilités.
Et si vous êtes enclin à vous récrier contre la
première thèse, il vous oppose la morale de son
héros, qu'il considère comme une simple application du christianisme logique par l'ascétisme;
il montre que Schopenhauer c'est un Bourdaloue
laïque.

Il y a dans toute cette apologie un vice qui la
ruine d'un bout à l'autre. M. Brunetière en veut
évidemment aux chrétiens qui se refusent à
saluer en Schopenhauer une sorte de parent
pauvre : il les rabroue à ce sujet. Mais il approuve
son grand homme de dire que les dogmes chrétiens s'accordent parfaitement « avec les pré-
ceptes moraux contenus dans les livres sacrés de
l'Inde! » Eh bien, non, jamais nous ne signerons
cela. On nous dit : Le christianisme tient pour le
péché originel, l'expiation et le renoncement;
Çakya-Mouni aussi; donc la morale est identique.

Oui, mais la raison et le but de la vie sont-ils
les mêmes? La croyance en une vie éternelle
et bien heureuse postule-t-elle un ascétisme tor-
tionnaire de la vie, et — ce qui est mille fois
plus grave — bourreau de la volonté? Non,
car la volonté, le christianisme veut la refaire,
mais non la maudire; la transformer, n ' is non
l'anéantir.

M. Brunetière loue son philosophe d'avoir fait
la leçon aux protestants : « Le protestantisme,
dit ce grave professeur, par l'exclusion de l'ascétisme et de ce qui en est le centre, le côté
méritoire du célibat, a renoncé proprement à la
substance intime du christianisme..... Ce peut
être là une bonne religion pour des pasteurs
protestants aisés, mariés et éclairés, mais ce
n'est pas un christianisme. » M. Brunetière est
bien aimable. J'ignore s'il est marié, mais je sais
que Schopenhauer ne l'a pas été (car son fils
était illégitime) et qu'il a même, comme tant
d'autres pessimistes du genre instinctif, poussé
fort loin les audaces de langage sous lesquelles
le misogyne s'arroge le droit d'accabler le sexe
faible. Je n'ai jamais remarqué sur les lèvres de
Jésus, ni même de Paul, un tel mépris pour la

femme, qui semble au contraire avoir trouvé
dans le christianisme primitif une manière de
libérateur social.

Hartmann, dans sa *Religion de l'avenir*, ne
manque pas de reprendre pour son compte la
théorie de Schopenhauer sur ou plutôt contre le
protestantisme réjoui qui s'épanouit, suivant lui,
chez les orthodoxes comme chez les libéraux. Ce
prophète du monisme panthéiste *s'en gausse* avec
un à-propos dont chacun jugera : « Les réfor-
mateurs encore, dit-il, avaient fait assez mauvais
visage à ce monde misérable, tout entier œuvre
du diable ; mais en secret ils lui avaient donné le
petit doigt, et le diable a pris la main entière.
Ah! théoriquement les authentiques disciples de
Luther font preuve d'un beau zèle contre ce monde
foncièrement mauvais et corrompu qui gémit
sous la malédiction divine, mais en réalité ils se
sentent parfaitement à l'aise dans ce misérable
monde, qui, par égard pour leur misère, leur
donne une cure, et par là les moyens de nourrir
femme et vache ; sous ce rapport ils ne se distin-
guent pas des libéraux. Cela peut être fort intelligent et fort pratique, fort naturel et idyllique.....
cela n'est ni chrétien ni religieux! » Il peut y

avoir une part de vérité accidentelle dans ce
tableau, mais ce n'est point l'accident qui règle
la croyance. Franchement, les pessimistes de
cette école qui sont si empressés à enseigner
l'Évangile aux protestants, songent-ils au Baptiste ou au Christ? Nous serions heureux d'ob-
tenir une réponse. Au fait, le Fils de l'homme est
venu mangeant et buvant, et l'on a dit de lui,
comme du Baptiste : il a un démon. Rassurons-
nous, les pasteurs n'ont pas à rougir d'accomplir
honnêtement leurs fonctions d'hommes libres.

C'est cette liberté, si fièrement revendiquée par
Paul, que nos critiques ne veulent pas connaître ;
le vouloir-vivre, voilà le mal. Sans doute le parfait égoïste Schopenhauer, au milieu de contra-
dictions singulières, prêche le renoncement
monachique ; mais du moins les moines son-
geaient-ils à la vie céleste dans leurs thébaïdes.
M. Brunetière ne parle pas de cette consolation-
là et pour cause, son sage l'a bannie de son système. Et c'est pour aboutir au *nirvâna* qu'on
nous prêche cette crucifixion universelle et per-
manente ! Nous avons beau nous meurtrir le
front, nous ne parvenons pas à *réaliser* — comme
disent les Anglais — cet idéal de vie, cet Éden de

mortification qui doit nous satisfaire, la mort
brochant sur le tout sous le nom affriolant de
restitutio in integrum! Et quand M. Brunetière
nous ramène aux prédestinatiens calvinistes du
XVI° siècle, nous nous refusons à voir dans ces
énergiques, ces maîtres de la vie active, les néo-
bouddhistes à qui on veut de gré ou de force les
apparenter.

En résumé, le terrible misanthrope de Francfort, ce que ne dit pas son plus brillant mais trop
habile disciple en France, n'envisage qu'un côté
de la nature humaine, le péché originel; un côté
du monde, le mal. On nous dit qu'il n'est pas
dangereux? Si, car sans la perspective de l'au-
delà, c'est le malheur infini qu'il propose et le
désordre universel qu'il prépare pour hâter la
fin du monde. Vaine est la prédication du renoncement quand elle n'a aucune compensation à
offrir; au risque de passer pour un mercenaire,
nous disons que c'est un marché de dupes. Vous
dites que là se cache pourtant le bonheur, si toutefois il peut exister? Mais vous savez bien qu'il
n'est point là et que, d'autre part, on le cherchera
toujours, si caché soit-il. Pour soutenir votre
thèse vous êtes obligés de défigurer le protestan-

tisme en le confondant gratuitement avec le
rationalisme vulgaire et de vous faire bouddhistes.
Vous dites que vous êtes un levier pour le progrès? Mais alors pourquoi avouez-vous que les
progrès matériels et les grandes entreprises du
génie industriel et commercial vous laissent
froids et que vous seuls pouvez protéger la
société contre le socialisme? Eh! quoi? le droit
ses pauvres au progrès n'existerait-il pas? N'y
aurait-il donc pas dans l'expérience socialiste de
quoi exercer déjà votre ardeur de sacrifice, à
vous, bourgeois schopenhaueriens? — Agir, c'est
lutter, dites-vous? Oui, mais avec la chance de
vaincre; ou bien la lutte est absurde. — La mort
est libératrice? Mais en quoi? — « Cela est bon à
pratiquer et aisé à croire, court, simple, facile à
prouver », ajoutez-vous? Pas si facile, si vous
n'avez aucune foi en Dieu et si vous nous arra-
chez à la vie présente pour nous jeter en proie
au néant. — Enfin vous dites que la gloire du
maître allemand est d'avoir laïcisé ce qu'il y a de
plus élevé dans le christianisme et dans le bouddhisme? Ah! que voilà donc bien le germe de
mort qui repose au fond du système! Il est
laïcisé, en effet, en ce sens qu'il se passe de

Dieu, du ciel et de la vie éternelle; et quand vous
augurez des merveilles de la durée d'un principe de cosmologie inintelligente si fécond à vos
yeux, je suis tenté de dire (et cela me rassure)
qu'il aura une fin, lui aussi, puisqu'aussi bien il a
la mort pour idéal !.....

§ 3. — Les Allemands.

J'ai insisté sur cette critique de M. Brunetière,
parce qu'elle est la plus récente manifestation
de l'opinion en France en ce qui concerne
l'homme à qui le pessimisme doit ses premiers
succès ; j'ajoute que je ne chercherai pas ailleurs
la trace de la philosophie de ce nom dans le mouvement que nous étudions. J'observerai seulement que M. *de Hartmann*, son principal héritier,
a exercé sa part d'influence dans notre pays ; il a
paru plus logique que Schopenhauer, traitant
l'ascétisme de vanité et rompant définitivement
avec le christianisme considéré comme déchu.
M. *Taubert* a déclaré en 1873 qu'il valait mieux
appeler *malisme* ou *misérabilisme* que *pessimisme* le système de ce philosophe. Mais alors

cette appellation mitigée, plus conforme en effet
à la réalité, s'appliquerait selon nous à tous les
pessimismes, sauf celui de *Bahnsen*, le seul à
notre connaissance qui ne fasse aucune part à
la notion de bonté dans sa conception des choses.

CHAPITRE III

ORIGINES PHILOSOPHIQUES INDIRECTES

Nous avons maintenant à signaler les origines philosophiques autres que le pessimisme allemand proprement dit, c'est-à-dire l'influence indirecte et souvent à contresens exercée sur les lettres et sur la société par les systèmes en faveur dans les périodes immédiatement précédentes. Quatre systèmes principaux ont contribué sans le vouloir à l'expansion du pessimisme : le transformisme, le positivisme et ses succédanés, le matérialisme, l'éclectisme optimiste à tendance sceptique ou panthéiste. Nous n'allons certes pas passer en revue ces quatre manifestations grandioses de la pensée contemporaine, ce qui nous mènerait à des digressions

sans fin. Résumons brièvement la part évidente
de pessimisme qui a été aperçue gisant au fond
de ces différents systèmes et que le monde cultivé
a pu s'assimiler. D'ailleurs nous aurons l'occa-
soin de retrouver plus tard ces influences chez
certains philosophes et historiens.

§ 1. — Le transformisme.

Le transformisme n'est pas une philosophie;
c'est une science naturelle et on sait que *Darwin*
n'a ni spéculé en métaphysique ni expérimenté
en morale. Une science naturelle peut-elle avoir
sa répercussion dans le monde moral? L'avènement d'une théorie nouvelle et révolutionnaire
dans ce domaine provoquera-t-il une révolution
parallèle dans le pays de la métaphysique, de la
morale et de la psychologie? Le transformisme,
qu'on nous pardonne le jeu de mots, transfor-
mera-t-il l'état d'une âme et changera-t-il l'orien-
tation des esprits?

A première vue, le fait paraît impossible. Pourtant il est certain que le darwinisme a secoué
peu à peu les esprits, faisant tomber bien des

3

formes et dévier bien des lignes de la pensée, troublant toute une ordonnance reçue par la tradition et désormais mise en suspicion. Il est vrai que le matérialisme a terriblement précipité le mouvement. Violemment attaqué par ses adversaires, mais ébranlé surtout par les empirismes d'à côté, ses cousins germains, il a dû sonder l'horizon pour guetter si quelque secours ne lui viendrait pas du dehors : ce secours, il l'a trouvé dans le darwinisme dont les pures intentions n'avaient pas été de servir d'allié à une école quelconque. *Haeckel* et les matérialistes allemands se sont jetés sur le transformisme avec un enthousiasme intéressé et l'ont salué comme le messie attendu sinon prophétisé par eux. Tout le monde a voulu goûter du fruit nouvellement exporté d'Angleterre, après l'avoir largement plaisanté ou *blagué* (ce mot d'argot est le seul qui convienne) au début. Les chrétiens euxmêmes ont fini par entrer dans l'église et n'ont pas trouvé tout si scandaleux dans le prône.

Mais, direz-vous, où est le pessimisme dans tout cela ? N'y a-t-il pas dans cette évolution, dans la sélection naturelle surtout, un véritable appel à l'optimisme? Il le semble, en effet; et voilà pourquoi, selon moi, les chrétiens peuvent accepter la thèse. Voilà pourquoi les derniers panthéistes épris d'idéal, les petits-fils d'Hegel, si différents qu'ils soient de leur aïeul, peuvent trouver leur compte à cette doctrine. Mais grâce aux suggestions empressées du matérialisme, grand avocat dans le procès, le vulgaire et les demi-savants ont tiré des prémisses darwiniennes ce qu'elles ne contenaient pas, une sorte de dépression de la personne humaine, une assimilation grossière de cet être supérieur aux faits matériels de l'ordre le plus inférieur, une déchéance complète de celui qu'on appelait naguère le Roi de la création et après l'avoir raillé sous les espèces du gorille, on l'a écrasé comme on eût fait d'un simple infusoire, dans la cellule primitive où on l'a enfermé avec les choses. L'amoindrissement, l'anéantissement même de la personne humaine dans ses éléments distinctifs, opération qui pourtant n'a aucun rapport avec la science transformiste, voilà ce que le monde a cru déduire dans sa logique instinctive et fausse.

L'auteur de l'*Origine des Espèces*, naturaliste, avait le droit d'éliminer les causes finales : les

prétendus philosophes qui ont accaparé son
hypothèse légitime ont à tort revendiqué ce droit
pour eux, car puisqu'ils adoptaient une hypothèse
sur la nature de l'homme, ne leur fallait-il pas
user de métaphysique pour expliquer le mécanisme de l'élaboration des organes? Impossible!
s'écrieront-ils, vous voyez bien que Darwin lui-
même écrit : « Le mystère des débuts de toute
chose est insoluble pour nous. » Soit, mais alors
ne dites pas que c'est une philosophie ; restituez
aux sciences naturelles ce qui leur appartient et
ne vous prévalez plus du transformisme. Au fond,
l'esprit humain a fini par sentir que les philosophes darwiniens n'avaient pas plus de lumière
à offrir que les autres sur le problème de l'univers : seconde provocation au pessimisme, pro-
duite par ce double fait qu'on a vu l'hypothèse
scientifique rester uniquement une sérieuse
hypothèse, tandis que les néo-matérialistes élu-
daient le vrai problème de la vie en restant de
simples matérialistes comme ils l'étaient avant.
On le voit de plus en plus, le pessimisme
est un centre où convergent toutes les déceptions.

Quant à la *sélection*, elle doit être immédiate-

ment utile, dit Darwin : mais la réalité a paru
contestable. On a trouvé, parait-il, des modifica-
tions ou inutiles ou nuisibles au moment de leur
apparition. Nouveau sujet de défiance, l'adaptation au milieu n'étant plus rigoureusement
prouvée. La *lutte pour la vie* présentée comme
le triomphe incessant du fort sur le faible prête
à l'équivoque quand on la transporte dans le
monde moral. Dans l'ordre physique, rien de plus
simple; la vérification est facile. Mais dans la
sphère de l'esprit, mais en morale, qui l'emporte
donc? Quel est ce plus fort? Est-ce le plus moral
ou le plus intelligent ou tout simplement le plus
robuste, en tant que le mieux adapté à son
milieu? Et d'ailleurs en quoi consiste le succès?
La lice est ouverte. Le pessimisme vulgaire a
tiré ses conclusions. Le plus fort, a-t-il répondu,
c'est celui qui est le plus servi par les circonstances; quant à l'autre, il n'a qu'à se ranger.
Intelligence, conscience, cœur, armes vaines!
C'est la suprématie proclamée de la force brutale
ou de la ruse ou tout crûment du hasard, et nous
retombons par là dans le déterminisme le plus
absolu, qui n'est pas optimiste. Car vous aurez
beau dire, d'ailleurs avec Schopenhauer et les

associationnistes, que l'amour et ses œuvres
doivent ou peuvent se maintenir et que la morale
sentimentale du renoncement est excellente,
nous ne sommes pas assez naïfs pour nous
réjouir d'un conseil théoriquement utile ou d'un
expédient narquois puisqu'ils s'abiment en dernière analyse dans une illusion !

Quoi qu'il en soit, la littérature s'emparera du
darwinisme pour l'appliquer à sa manière, le
tordant à sa fantaisie, le dégradant au prisme de
l'imagination dans un sens pessimiste le plus
souvent; car même ceux qui saisissent avec
l'enthousiasme de la foi la doctrine tirée du système du maitre gardent au fond l'*amari aliquid*
dont Lucrèce a déploré le premier la persistance
angoissante. L'enthousiasme? il est au début,
comme l'ivresse, qui dans ses premières fumées
surprend par ses enchantements l'esprit de
l'homme avant d'abattre son corps sur le sol.
Puis il fait place au désenchantement. La génération cultivée parlerait-elle par la bouche de
M. Anatole France? Écoutez ce qu'il nous confie
sur sa jeunesse, laissant flotter sa pensée au
courant d'une de ses critiques sinueuses, où il
disserte sur *le Disciple* de Bourget : « Alors les

livres de Darwin étaient notre bible... ; les louan-
ges magnifiques par lesquelles Lucrèce célèbre
le divin Épicure nous paraissaient à peine suffi-
santes pour glorifier le naturaliste anglais. Nous
disions nous aussi avec une foi ardente : « Un
homme est venu qui a affranchi l'homme des
vaines terreurs. » Il ne se promenait qu'un
Darwin à la main. « Pour moi je pénétrais
comme en un sanctuaire dans ces salles du
Muséum encombrées de toutes les formes orga-
niques, depuis la fleur de pierre des encrines et
les longues mâchoires des grands sauriens pri-
mitifs jusqu'à l'échine arquée des éléphants et à
la main des gorilles. Au milieu de la dernière
salle s'élevait une Vénus de marbre, placée là
comme le symbole de la force invincible et douce
par laquelle se multiplient toutes les races ani-
mées. Qui me rendra l'émotion naive et sublime
qui m'agitait alors devant ce type délicieux de la
beauté humaine! Je la contemplais avec cette
satisfaction intellectuelle que donne la rencontre
d'une chose pressentie. Toutes les formes orga-
niques m'avaient insensiblement conduit à celle-
ci qui en est la fleur. Comme je m'imaginais comprendre la vie et l'amour! Comme sincèrement

je croyais avoir surpris le plan divin! » Voilà le vin nouveau qui donne l'ivresse dans sa première phase.

Passons à la seconde phase : « Les fatalistes déployaient une confiance sereine, qu'ils n'ont pas gardée, hélas! Nous savons bien aujourd'hui que ce roman de l'univers est aussi décevant que les autres. » Et comme la poésie ne perd pas ses droits chez le poète, le nôtre ajoute : « Que de fois nous avons reconstruit le monde dans le silence des avenues désertes, sous l'assemblée des étoiles! Et maintenant ces mêmes étoiles entendent les disputes d'une nouvelle jeunesse qui construit l'univers à son tour. Ainsi les générations recommencent à travers les âges les mêmes rêves sublimes et stériles. » Sublimes et stériles! Voilà le dernier mot de l'ancien darwiniste désabusé, qui de l'évolutionnisme est tombé dans ce dilettantisme sceptique et de parti pris où je ne puis m'empêcher de voir un élégant masque de l'âme.

Ah! le darwinisme n'est pas une philosophie, comme le pessimisme d'école! Soit : mais il n'est pas moins vrai que les suggestions philosophiques dont il est l'auteur à peu près inconscient

ont eu, si j'en crois les critiques, une portée
incalculable. Écoutez Schérer dissertant sur la
Crise actuelle de la Morale : « La nouvelle histoire
naturelle de l'homme qui porte le nom de Darwin... a bouleversé tous les départements du
savoir humain. Je ne vois dans la philosophie
que l'esthétique à laquelle on n'ait pas encore
appliqué la méthode dont il s'agit et il faudra bien
qu'elle se renouvelle à son tour en cherchant à la
même source l'explication des questions sur les-
q les elle s'acharne depuis si longtemps avec
de si minces résultats. On ne se lasse pas en
attendant d'admirer comment le darwinisme a
résolu les plus gros problèmes de la métaphysique et de la morale, non de front, mais en les
tournant, et par la seule application du principe
de l'expérience accumulée et de l'habitude héré-
ditaire. » Oui, mais Schérer lui-même, tout en pro-
fessant l'admirer ne laisse pas d'en gémir plus
amèrement que nul autre et ailleurs il ne recule
pas devant une comparaison hardie, celle des systèmes du monde avec la bobine sur laquelle se
dévide un écheveau. « La bobine, dit-il, a pris
successivement bien des noms. » Quant à lui, il
laisse tomber la sienne, que l'on croyait phéno-

méniste et ne la ramasse pas. N'est-ce pas du
pessimisme noir?

Quant à la doctrine de l'*hérédité*, quant à l'ata-
visme, transportés dans le monde moral, ils ont
ouvert de vastes horizons aux littérateurs. Toute
l'œuvre de M. Zola, qui est un déterministe pra-
tiquant et croit en Claude Bernard, comme l'a
fort bien expliqué M. Rod dans un article récent,
est consacrée à l'apologie de cette doctrine trans-
crite dans le roman, et c'est ainsi que le roman
lui-même, se bâtissant avec des *documents
humains*, devient le *roman documentaire.* Sa
grande éthopée des Rougon-Macquard porte
d'ailleurs un nom darwinien au premier chef :
*Histoire naturelle d'une Famille sous le second
Empire.* Nous verrons plus tard que l'optimisme
est assez piteusement représenté chez ce cham-
pion du roman contemporain, tandis que le pessimisme se donne libre carrière. Mais l'instinct
chez M. Zola prime la philosophie : c'est de là
surtout que viennent ces débauches de concep-
tions et de descriptions, ce style diffus, cette
orgie de dépravations dont la vision, bien nom-
mée apocalyptique, hypnotise son robuste talent
et transforme ses « romans cycliques », comme

l'on dit, en autant de romans que j'appellerais
plus volontiers cyniques. De nos jours, il est assez
piquant de voir un autre auteur, qui a jadis écrit
la *Lutte pour la vie* et créé le type du *struggle-
forlifeur*, provoquer au théâtre, avec la jolie pièce
l'Obstacle, une réaction, assez faible d'ailleurs
jusqu'ici, contre l'hérédité, même physiologique.
« Je ne crois pas à l'hérédité, s'écrie son héros, et
les livres que j'ai lus m'ont appris à ne pas y
croire. J'ai foi dans le bonheur qui m'arrive sous
les traits de Madeleine! » Fi donc, monsieur
Daudet! votre amoureux parle comme les amoureux vieux jeu, comme les convaincus! Il y en a
donc encore? Vous allez être en délicatesse avec
MM. Bourget et Barrès, qui avaient spéculé sur
l'admission de cette espèce disparue au musée
paléontologique de la littérature.

Mais, après tout, les thèses de mœurs que l'on
soutient généralement au théâtre sont plutôt
paradoxales, ou *paranomiennes* (qu'on me passe
le barbarisme), que conformes à la loi ou aux
usages, témoin ce qui s'est passé dans ces derniers temps à propos du divorce. Quoi qu'il en
soit, la sélection naturelle, traduite en style dra-
matique, réglée suivant les lois de l'optique

théâtrale, éclairée au feu de la rampe, devient
la théorie du vibrion dans *l'Étrangère*, et le
pfu-uit célèbre résume fort bien la pensée de
M. Dumas dans l'espèce. Introduite dans la sociologie, elle donne raison à Malthus, préconise l'éli-
mination des faibles, la survie des plus forts,
pour employer un terme de Laveleye, et l'identi-
fication de la force et du droit, ce qui peut bien
concorder avec l'optimisme collectiviste, puisque
certains voient le progrès au bout de l'évolution,
mais ce qui dans tous les cas est un affreux pessimisme aux yeux des faibles; car, n'en déplaise
à Schopenhauer, ce renoncement forcé de quelques individus est un peu bien désagréable. Si
j'étais un tantinet philosophe, je crois que je
songerais à une formule dont personne ne s'est
encore avisé : Je suis, donc je vaux. Je ne parle
ici qu'au point de vue sociologique, bien entendu.
Mon critère ainsi posé suffirait à distinguer
l'homme de ces phénomènes doués d'instinct
qui s'appellent les animaux et à affirmer, sinon
à sauvegarder son droit à l'existence. Il est vrai
que la sanction ferait toujours défaut, sur cette
terre du moins.

Enfin la sélection elle-même a des apôtres

franchement pessimistes et ce sont les plus
récents naturellement, ceux de la seconde phase
de l'ivresse! Tel le Dr *Jacoby* (1881), qui proclame,
aux applaudissements de M. Th. Ribot et après
M. de Candolle, l'évolution ascendante jusqu'à
l'homme civilisé, mais descendante à partir de
lui, alléguant que chaque supériorité se paye.
L'Évolution a ses enfants terribles, ses Jérémies,
qui ont le tort évidemment de remplacer un acte
de foi optimiste par un acte de foi pessimiste.
Mais cette contre-expérience n'est pas moins
logique que l'autre. Au nom de quel principe
transcendant l'aspect pessimiste de l'évolution
serait-il condamné? Serait-ce parce qu'on n'a
pas le droit de faire de la *psychiâtrie*, comme
l'objectait M. Wyrouboff? Mais on n'est pas auto-
risé davantage à l'omettre en certains cas. —
C'est la civilisation qui est coupable, par sa philanthropie et ses secours de plus en plus puissants
apportés aux chétifs et aux déshérités, s'exclame
M. Jacoby après tant d'autres! La conclusion
logique serait le retour à la barbarie comme
moyen de salut : ni M. Jacoby ni ceux qui pen-
sent comme lui n'osent la formuler. Mais, au fait,
s'ils ne proposent pas cette même solution, c'est

sans doute qu'elle leur semble irréalisable. Donc il n'y a plus pour l'homme de l'avenir qu'à noter mélancoliquement la marche du fléau.......

Et propter vitam vitaï perdere causas.

§ 2. — Le positivisme.

Jusqu'ici nous n'avons examiné que l'influence stricte du darwinisme qui s'est exercée d'une part au profit du matérialisme anémique, en lui infusant un sang nouveau, d'autre part au profit de la morale évolutionniste qui se réclame de lui par analogie. Dans l'évolutionnisme devenu la religion de l'élite intellectuelle des deux mondes ont communié tous les empirismes. Il est peut-être utile de signaler maintenant le ferment pessimiste qui agit dans ces empirismes eux-mêmes. Il est difficile de les classer, car les philosophes de notre fin de siècle évitent de se confondre les uns avec les autres, mais ils évitent aussi de paraître sectaires. L'aventure de Comte, père d'une postérité assez indisciplinée, leur enlève généralement tout désir de fonder une école. C'est ainsi que l'on peut suivre la filière positiviste, la tendance déterministe, l'associationnisme, l'agnosticisme et le phénoménisme, sans trouver de notables différences de fond dans ces divers systèmes, qui ont eux-mêmes une visible parenté avec le matérialisme et même avec la morale indépendante dont il n'est pas defendu aujourd'hui d'enregistrer le décès, puisque les penseurs en vue n'en parlent plus. Ce serait donc se répéter que recueillir ici les résidus pessimistes qui se trouvent nécessairement au fond de toute cette spéculation contemporaine, saturée de fatalisme.

Deux étrangers ont puissamment agi dans ce siècle sur les esprits et comme Darwin, ce sont deux Anglais : John Stuart Mill et Herbert Spencer. Ainsi se confirmerait l'idée de M. Renouvier qu'il n'y a pas de philosophie d'origine française gouvernant le monde au XIXᵉ siècle, comme cela s'était produit au XVIIᵉ. En effet l'éclectisme systématique n'a jamais eu qu'une clientèle restreinte de fonctionnaires plus ou moins déistes et d'universitaires plus voltairiens que versés dans les grandes épopées germaniques du cycle kantien. Le matérialisme de la seconde moitié du siècle, qu'il relève de Moleschott, d'Oscar Schmidt

ou de Haeckel qui l'appelle *monisme*, est un
produit d'importation allemande. Le positivisme
seul pourrait se réclamer du Français *Comte*;
mais les disciples de Comte ont été par rapport
à lui comme a été Platon par rapport à Socrate.
C'est bien *Stuart Mill* qui a développé le positivisme pratique le plus répandu et le plus vivace,
et voilà pourquoi l'Angleterre a le droit de dire
qu'elle détient actuellement la maitrise des intel-
ligences, renouant ainsi vis-à-vis de la France,
mais à rebours, la tradition du xviiie siècle, car
alors Voltaire, élève des Anglais, dépassait ses
maitres en réelle influence. Or Stuart Mill a
une doctrine, l'associationnisme, et une morale,
l'utilitarisme : que faut-il en penser au point de
vue spécial où nous sommes placés?

Il faut penser que cette morale inductive est
dictée par un idéalisme optimiste qui s'affirme à
travers les rêves sociologiques de l'auteur; qu'il
fonde sur l'altruisme les plus belles espérances et
que les habitudes légales ou morales, à défaut
de principes transcendants, introduiront le bonheur le plus parfait possible dans le monde, le
plaisir individuel étant au terme de l'utilité géné-
rale. Le pessimisme n'a pas manqué de décou-

vrir tout ce qu'il y avait de chimérique dans ce
rêve d'une société heureuse où tout est lié par
le déterminisme et où les compensations offertes
à l'égoaltruiste sont aussi dérisoires au fond que
l'idéal promis est inaccessible ; car, comme le
laisse entendre M. Rabier, qu'importe un bien *logi-
quement* possible si, une fois les antécédents don-
nés, ce bien se trouve être réellement impossible?
Le déterminisme utilitarien se dissipant en une
illusion ramène au pessimisme; on répète avec
le catholique Mallock les vers du poète latin :

*Rusticus exspectat dum defluat amnis; et ille
Labitur et labetur in omne volubilis ævum.*

L'association des idées et des habitudes? Mais
c'est une succession de bulles de savon ; pas
autre chose. Ou bien l'on pense à ces champi-
gnons que l'on voit en hiver se développer au
milieu de la flamme d'une lampe, *putres concres-
cere fungos*; ils durent tant que la combustion
s'opère, mais si vous les touchez du doigt ou si
la lumière s'éteint, ils tombent en poussière.
Comment le disciple de Stuart Mill en France
resterait-il optimiste quand il entend par exemple
un adepte comme M. Sièrebois démontrer que

4

c'est le législateur qui crée le juste et l'injuste,
le moral et l'immoral, et un autre M. Courcelle-
Seneuil déclarer que le bien, c'est la vie, sans
poser ni règle ni définition? Toute cette belle
destinée est pure imagination.

Certes M. *Herbert Spencer* est d'un optimisme
théorique encore plus éblouissant que son pré-
décesseur. Lui aussi prophétise l'avènement du
bonheur sur la terre et, comme tous les autres,
place le bonheur dans l'altruisme. Docteur de la
morale évolutionniste, il complète et renforce
l'associationnisme par l'état de l'hérédité psychologique. Sa sociologie est fondée sur le droit de
chacun à la jouissance et le respect de ce droit.
Comme le disait fort bien notre regretté Eugène
Massebieau dans son excellente étude sur les
Principes de cette morale : « Utilitarisme, darwinisme et christianisme, c'est de l'amalgame
de ces trois éléments qu'est sortie la morale de
M. Spencer », morale dont le caractère britannique et ethnique est fortement accusé. Est-il
nécessaire de dire que le pessimisme, cet impor-
tun, vient encore ravager les *templa serena* de
l'agnosticisme spencérien? Pas de notion sur les
commencements et sur les fins; pas de cause

première; pas d'absolu ni d'infini au sens ancien
de ces vocables; mais alors, même en admettant
comme inauguré le paradis mécanique que vous
m'annoncez complaisamment, où sera le gage
de durée de cette félicité relative? et s'il n'en
existe pas, où sera le contentement de l'individu
mortel? et s'il meurt, n'est-ce pas à ce moment-
là seulement qu'il pourra dire si la vie a été
bonne ou mauvaise? d'où cette conclusion : le
bonheur durera une seconde, à supposer qu'il
arrive.

En attendant, M. H. Spencer fulmine contre le
socialisme [1] et s'irrite de ce que, plus l'état des
choses s'améliore, plus on entend de plaintes et
de réclamations. N'y joint-il pas la sienne? D'ailleurs tout le monde n'a pas l'impassibilité de
nature dont il témoigne quand il ose se contre-
dire ainsi : « Qu'un état de mort universelle soit
la limite de l'opération qui s'effectue partout,
cela semble hors de doute [2]. » Je ne vais pas plus
loin : notre mage de l'agnosticisme est pris en
flagrant délit de pessimisme immanent, le seul
dont il soit capable; mais pour coupable, il l'est.

1. *De la liberté à la servitude*, 1891.
2. *Premiers principes*, p. 460.

En résumé, les positivistes de toutes les déno-
minations s'accordent à nous dire que le bonheur dans la société de l'avenir se rencontrera
dans l'adaptation de plus en plus parfaite de
l'homme au milieu terrestre; le plaisir, dans le
progrès des sciences et les jouissances artistiques
ainsi que dans l'altruisme loyalement pratiqué.
Mais d'une part cette joie de vivre est insuffisante, hélas! mille fois insuffisante et cela préci-
sément pour l'homme le plus civilisé. Plutôt la
liberté *et periculosam* que ce doux repos déter-
miné! Et puisque j'ai commencé à faire le pédant
j'irai jusqu'au bout en évoquant le mot de Tacite :
ubi solitudinem faciunt, pacem appellant. Dans
mon humble expérience, j'affirme que si les
quelques jouissances artistiques ou altruistes
que j'ai éprouvées sont les plus vives de ma
vie, elles sont loin de compenser, fût-ce dans la
plus chétive mesure, la masse complexe des
amertumes que le mal en moi et hors de moi
ne cesse d'accumuler dans mon existence, ces
impressions amères fussent-elles d'ailleurs ré-
duites dans la plus large mesure [1]!

1. Cet aveu ne saurait être considéré comme un
démenti impertinent donné aux hommes de devoir qui

§ 3. — La morale indépendante
et le matérialisme.

Rentrons en France pour constater comme une cause l'échec du *matérialisme sensationniste* et de la *morale indépendante*, trouvés morts sur la place au lendemain de nos désastres. C'était dans les classes moyennes des agglomérations urbaines qu'ils avaient recruté le gros de leurs adhérents; mais ils doivent aujourd'hui se contenter de contingents plus grossiers à la ville comme à la campagne.

La morale indépendante a été un généreux, mais naïf essai de religion laïque, dans le genre

se proclament heureux malgré tout. Par exemple M. de Marbot, dont la vie a été toute de fatigues, de privations et d'austères disciplines, écrit dans ses beaux *Mémoires* : « Presque tous les hommes se plaignent de leur destinée. La Providence m'a mieux traité, et quoique ma vie n'ait certainement pas été exempte de tribulations, la masse de bonheur s'est trouvée infiniment supérieure à celle des peines, et je recommencerais volontiers ma carrière sans y rien changer. Le dirai-je? J'ai toujours eu la conviction que j'étais *né heureux.* » Est-il nécessaire d'observer que cet optimisme héroïque des nobles caractères nous livre seulement une solution partielle du problème? Il est loin d'infirmer et d'exclure une déclaration comme est la nôtre.

de celle que M. Fauvety a cru fonder. Mais il
s'est trouvé que ce n'était ni une religion, ni une
philosophie; en fait de morale, cela évoquait de
vagues réminiscences de Cicéron ou de Sénèque.
C'était fort honnête assurément que le principe
de dignité, organisant le respect. Mais nous
nous récrions avec M. Pillon : « Qu'est-ce que
cet animal qui se sent et s'affirme inviolable? »
On nous rétorque qu'il a des droits et qu'il crée
sa liberté; mais comme on s'excuse de ne pas
faire de métaphysique, nous restons sans critère
pour vérifier, partant pour comprendre. Et les
braves gens qui, à la suite de M. Massol, trou-
vaient ces vérités indubitables, ne s'apercevaient
pas qu'ils laissaient les rênes à tous les construc-
teurs de cosmologie du passé comme de l'avenir.
La chute a été lourde. La vérité c'est que cette
entreprise (nous pouvons lui donner ce nom
puisqu'elle a un certificat de naissance bien en
règle, le 6 août 1865, date de l'apparition du
journal) marquait une des étapes de l'esprit
public français à la fin du second Empire. Le
positivisme orthodoxe avait donné à peu près
toute sa substance; le catholicisme devenait de
plus en plus un rameau du pouvoir, un culte

vraiment national officiel; le spiritualisme vivo-
tait à son ordinaire dans la sphère des péda-
gogues; le matérialisme sensuel avec Sainte-
Beuve ou bien flirtait avec le scepticisme, ou
bien avec Claude Bernard se renfermait dans
l'étude de la physiologie, de la pathologie expé-
rimentale. La morale indépendante s'offrit pour
faire la synthèse de ces diversités et ouvrir une
sorte de Salle des pas perdus à tous les penseurs
hétérodoxes. Il pouvait paraître assez singulier
de voir la raison bannie d'un programme (nous
ne pouvons pas dire un système) que le vulgaire jugeait essentiellement rationaliste : ou
bien ce dernier terme, tout historique qu'il soit,
aurait-il été déformé par l'usage? L'échec de
cette tentative coïncida avec nos désastres parce
que la France, brusquement déchue de la vie
facile et obligée de se pencher sur le problème
de la destinée, se détourna à la fois, avec une
mélancolie mêlée de dégoût, d'un matérialisme
d'école à courte vue qui, en identifiant la vie et
la pensée avec un déplacement fatal de molé-
cules, donnait implicitement raison à la force
contre le droit, et d'une morale fantôme qui restait insaisissable dans sa révélation.

Disons-le toutefois, il y aura toujours des matérialistes superficiels dans le peuple, du moins
dans la partie du peuple dite lettrée, parce que
l'homme affranchi de la religion romaine se
porte de préférence à la doctrine opposée la plus
simple. « Sauf de rares exceptions, dit M. Secré-
tan qui appelle cette philosophie Mécanisme,
c'est tardivement, lorsque les plis de l'esprit sont
déjà formés, que l'activité mentale devient
l'objet d'une curiosité désintéressée. Pour le
grand nombre, ce moment n'arrive jamais. »

§ 4. — Le scepticisme optimiste et éclectique.

Quant aux classes moyennes cultivées et à
l'élite des classes supérieures, elles ont toujours
penché plus volontiers vers ce *panthéisme* idéaliste renouvelé de Hegel que M. Vacherot a per-
sonnifié en France et qui, je le reconnais, est aux
antipodes du pessimisme; mais surtout vers ce
scepticisme raffiné, optimiste en somme, que
M. Renan a incarné dans cette seconde moitié
du xix° siècle.

M. *Renan* est sans doute un mandarin très
lettré, très savant, très artiste, très compréhensif
et très séduisant critique : mais en vrai Breton
il est surtout très habile à jeter la sonde dans
l'océan des aspirations contemporaines et à flai-
rer d'où vient la brise. C'est peut-être pourquoi
il regrette aujourd'hui qu'on néglige d'inculquer
à nos jeunes gens tout sentiment religieux. Ils
auraient besoin, selon lui, d'une religion laïque.
Ce n'est pourtant pas pour cette seule raison
qu'un publiciste, reprenant une idée déjà expri-
mée par M. Boissier, l'a placé dernièrement en
tête des précurseurs du néo-christianisme : c'est
parce qu'il a persisté à agiter pendant près d'un
demi-siècle les problèmes religieux et à parler
de Jésus à une génération qui d'année en année
se désintéressait davantage de la question. L'influence exercée par ce critique depuis 1863 a été
immense.

No faudrait-il pas lui attribuer aussi à un certain point de vue la disposition d'esprit qui fait
de l'univers un spectacle dans un fauteuil, suivant le mot d'Alfred de Musset, que Schérer ren-
voie aux positivistes? Ce spectateur confortable-
ment assis, muni d'une assez bonne paire de

jumelles, venu pour s'intéresser au drame, ne
peut être qu'optimiste. Bon pour les spectateurs
debout, pour les plébéiens du *poulailler*, les
pauvres hères qui voient mal et qui ne saisissent
que des bribes, de se fâcher et de protester
contre tel ou tel détail du spectacle! Le penseur
sybarite est plus porté à l'indulgence : d'ailleurs,
il comprend mieux. « Dieu fait bien ce qu'il fait,
dit M. Renan en 1889; ces fauteuils après tout
sont commodes pour attendre patiemment la
mort; la vie y est assez douce. » L'optimisme
sera donc son bréviaire et le pessimisme lui sera
fâcheux. Cela ne veut pas dire qu'il fermera les
yeux aux endroits pathétiques et tragiques :
mais il n'en éprouvera aucun dommage, aucun
ennui. C'est une pièce, vous dis-je, c'est une
fiction. Il faut bien que toute la vie apparaisse
au travers. J'appliquerai donc volontiers à ce
philosophe distingué le portrait que Schérer
trace du phénoméniste : « La sagesse, dit-il, selon
l'épicurisme intellectuel que je décris, consiste
en ces deux choses, s'intéresser au spectacle du
monde et s'en désintéresser. Prendre la vie telle
qu'elle est au lieu de tant la retourner; y voir un
art à exercer plutôt qu'une tâche à remplir et un

produit naturel encore plus qu'un art; la considérer dans son inépuisable variété au lieu de
s'attarder à moraliser à son sujet; se maintenir
tolérant pour toutes ses formes, curieux de tous
ses aspects, prêt à toutes ses surprises sans se
donner le tort d'y soupçonner une énigme et
encore moins le ridicule de prétendre changer
les hommes : tel est le point de vue. Contro-
verse, propagande, philanthropie, toutes choses à
laisser aux gens qui se croient sérieux et qui ne
sont que solennels. Le vrai sujet d'étude, c'est
l'homme tel qu'il est, non tel qu'il pourrait ou
devrait être. Que ne perdrions-nous pas au
change si nous parvenions à le rendre semblable
au type que nous nous plaisons quelquefois à
rêver! Il n'est pas jusqu'au mal, si nous osions
l'avouer, qui ne fasse partie de notre jouissance
artistique et l'existence perdrait la moitié de sa
signification, ou, si l'on veut, de son amusement,
si nous étions soit des êtres sans moralité, soit
des moralistes trop sérieux.... Que lui parlez-
vous d'obligation et d'effort, de péché et de con-
version! Ce qui vous parait à vous les choses
profondes de l'âme, les intérêts supérieurs de
l'humanité, n'est pour lui que le ragoût d'un

plaisir. N'insistez pas de grâce; la bonne humeur
est sa grande affaire. »

Franchement on croirait que Schérer, qui
méprisait M. Renan et qui a parlé de lui ailleurs
en des termes presque identiques, le visait dans
cette peinture, d'ailleurs foncée en couleur :
c'est le scepticisme pessimiste faisant son procès
au scepticisme optimiste, non sans une âpre
jouissance.

M. Renan est rationaliste et fortement hégé-
lien dans *l'Avenir de la Science*, où il déclare
qu'après avoir organisé l'humanité, la raison *or-
ganisera* Dieu, ce Dieu qu'il appelle en un autre
lieu : la catégorie de l'Idéal, c'est-à-dire l'homme
« anéantissant sa chétive personnalité, s'exaltant
et s'absorbant devant l'Idéal ». D'ailleurs l'illustre
auteur des *Questions contemporaines* confond
sans cesse l'Idéal avec l'Absolu !

Mais M. Renan est ondoyant comme les flots
irisés qui baignent la côte trégorroise. Il y aurait
donc une réelle injustice à laisser croire qu'il
n'ait pas donné des gages au pessimisme à certaines heures. Ces gages, je les trouve dans ses
Dialogues et Fragments de 1876. L'inspiration en
est plutôt pessimiste, malgré l'insistance que met

l'auteur à nous dire qu'il ne se porte pas solidaire
des opinions émises par ses personnages et que
son système est de comprendre tous les systèmes à la fois, ce qui paraît au moins vague
comme définition. Lui-même proclame ses impressions « tristes et dures » et hésite à les publier.
Son scepticisme est assez contrit en effet; il en
est réduit à invoquer le machiavélisme instinctif
de la nature comme facteur essentiel de la vertu.
Nous avions déjà vu cela dans Hartmann. D'ailleurs, quoi qu'on enseigne, « on n'est jamais sûr de
ne pas tromper sur la qualité de la chose livrée ».
Quant à la marche de l'univers, « la nature agit à
la façon d'un ouvrier qui gâche largement sa
matière et la dépense avec profusion. Peu lui
importent les forces perdues; c'est un semeur qui
jette sa semence au hasard sans s'inquiéter du
grain qui tombe sur la pierre. Un grain fructifie
sur cent mille, cela suffit. » Et ailleurs : « Le
temps viendra où l'art sera une chose du passé. »
Et ailleurs : « Parfois je conçois Dieu comme la
grande fête intérieure de l'univers. » Voilà pour
Dieu. « Le devoir de Gœthe fut d'être égoïste pour
son œuvre. L'immoralité transcendante de l'artiste est à sa façon moralité suprême. » Voilà

pour la morale. Ailleurs il écrit que « la conscience est pour nous une résultante; or la résultante disparait avec l'organisme d'où elle sort;
l'effet s'en va avec la cause; le cerveau se décom-
posant, la conscience devrait donc disparaître ».
Voilà pour la conscience. Ce *devrait* au lieu de
doit qu'on attend, inspire à M. Renouvier cette
malice « que M. Renan n'aura pas entièrement
voulu dire ce qu'il a dit quoiqu'il ait suffisamment
dit ce qu'il voulait dire ».

Dans un autre endroit, il nie que la philosophie
soit une science à part : il la condamne à com-
poser des monographies. Tout cela est bien
sombre pour un homme qui déclare dans ses
Souvenirs qu'il était né pour être un Darwin!
Mais ceci doit être une boutade du Gascon, car
le Breton observe ailleurs « que chaque homme
de talent est un capital accumulé par l'hérédité,
mais qui ne rentre plus dans la richesse com-
mune de l'humanité...; son seul reliquat n'est
que folie, misère, dégénérescence de la postérité
qui s'éteint et meurt bientôt..., non sans avoir
porté la dégénérescence et la mort dans les
familles alliées. » Voilà du pessimisme authentique. Nous ne croyons pas que M. Renan eût

fait un Darwin inattaquable, car il écrit dans ses *Essais de morale* : « Si l'excellence des races devait être appréciée par la pureté de leur sang et l'inviolabilité de leur caractère, aucune, il faut l'avouer, ne pourrait le disputer en noblesse aux restes encore subsistants de la race celtique. » Comme le fait remarquer fort à propos M. Bourget, c'est ici l'orgueil de l'hérédité, le « germe de l'idéalisme aristocratique » de notre sage ; mais sa thèse ethnographique montre simplement que les Celtes estiment leur race et aiment leur pays, — ce dont nous les félicitons sans insister.

Toutefois reconnaissons que si M. Renan peut être et sera certainement compté parmi les précurseurs du néomysticisme, il a par son optimisme de parti pris provoqué une réaction pessimiste dans son propre camp ; les noms de M. Soury et de M. Bourget sont là pour nous donner raison. Il a prophétisé juste quand il a écrit, dans son introduction à l'Ecclésiaste : « Les plus victimés, le lendemain du jour où on ne croirait plus en Dieu, seraient les athées. » Mais si deux ou trois régiments se sont détachés de son armée pour grossir les rangs des pessimistes athées, n'est-ce point pour donner une sanction à cet oracle que le grand pontife du dandysme de la pensée avait porté?

Il avait dit aussi : « On ne philosophe jamais plus librement que quand on sait que la philosophie ne tire pas à conséquence. » Des aristocrates sont devenus démocrates dans notre temps : des dilettantes satisfaits sont devenus des dilettantes épouvantés : voilà tout. Beaucoup ont souri amèrement quand il a déclaré *cum grano salis* « s'être placé depuis longtemps parmi les esprits simples et lourds qui prennent religieusement les choses. » Et c'est ainsi que des disciples débandés « croient lourdement » au néant, tandis que la « pâture de vent » de Qoéleth suffit encore à l'entretien du Maître!

« La société antique, nous dit ailleurs M. Renan, s'aperçoit que tout est vain; or le jour où l'on fait cette découverte on est près de mourir. » Qui est on? Pas l'optimiste qui formule cette pensée pessimiste à coup sûr. Mais qui encore? Évidemment des déniaisés moins faciles à amuser, que la comédie universelle a fini par ennuyer et que le parasitisme intellectuel a énervés. « Il n'y a pas à dire, observe Schérer : le monde est peut-être bien illusion et vanité : mais à celui dont cette persuasion se serait emparée tout de bon, il ne resterait plus qu'à s'exercer au Nirvâna. » Cette conclusion nous paraît inattaquable.

Le pococurantisme délicat couve béatement des œufs de révoltés que l'impitoyable expérience fait éclore.

5

DEUXIÈME PARTIE

ORIGINES LITTÉRAIRES

CHAPITRE PREMIER

LE PESSIMISME INSTINCTIF

Si vous daignez vous reporter à ce que nous disions au début de cette étude, vous vous souviendrez que j'ai parlé du pessimisme instinctif ou non raisonné qu'il faut bien distinguer du systématique ou du raisonné; car si celui-ci est philosophique, celui-là est une simple disposition de l'âme, un penchant à la tristesse et au dégoût de la vie. La philosophie est vraiment contemporaine; l'état d'âme est vraiment aussi âgé que l'homme. C'est par des considérations sur ce pessimisme-là dans la mesure où il a préparé le mouvement pessimiste actuel dans la société française que nous estimons convenable de terminer cette double conférence.

Il est une chose certaine, c'est que le mal positif dont on s'est plaint n'existerait pas, s'il n'avait été produit par la rencontre de ces deux courants distincts, l'un débordant la littérature et les arts, l'autre la philosophie : c'est ainsi que deux rivières voisines grossies par les pluies mêlent leurs eaux pour former une même inondation et couvrir d'une seule nappe la plaine immergée qui les sépare. Ce côté pessimiste de l'âme humaine a été assez souvent analysé par les moralistes pour que je me sente dégagé de l'obligation de refaire ici pour mon compte cette analyse. Je ne puis que vous renvoyer aux belles études de M. Sully, de M. Caro, de M. Bourget, de M. Rod, de M. Guyau, de M. Allier pour ne citer que les plus substantielles. Pourtant l'histoire de cette tendance pessimiste dans la société ou dans la littérature universelle n'a pas été écrite : nous croyons que l'homme qui l'écrira devra être à la fois un philosophe et un critique.

§ 1. — Causes générales.

Nous résumons brièvement les causes générales qui produisent le pessimiste de tendance :
elles peuvent être physiques, psychologiques ou
morales. On voit que je ne prononce plus le mot
philosophique. Je parle en ce moment des causes
générales, de celles qui peuvent produire des
pessimistes dans tous les temps et qui se sont
manifestées dès l'origine de notre humanité, non
de celles qui produisent un pessimisme spontané
dans un pays particulier et à un moment donné
de son histoire.

Les causes physiques sont les cas patholo-
giques, les maladies. D'habitude les gens robustes
et sanguins, dont le teint fleurit ou dont le ventre
bedonne, sont incapables de saisir les beautés de
l'analyse à jet continu et de savourer les affres
de la souffrance, surtout si cette souffrance est
un supplément volontairement ajouté aux souf-
frances déjà imposées par la nature : le vertige
du néant s'empare malaisément de leur cerveau
qui fonctionne régulièrement. En revanche les
anémiques, les névropathes, les infortunés, riches

ou pauvres, qui se sentent sucés jusqu'à la moelle par certaines maladies inexorables, ceux-là sont aussi plus facilement livrés aux suçoirs avides de la pieuvre pessimiste : une hyperesthésie amène l'autre. Les fleurs qu'ils touchent ont souvent le sort des bouquets du pauvre Siebel. Ils ont déjà l'ennui de la vie, toujours troublée par la douleur de leur chair; ils ont encore l'effroi de la mort toujours menaçante.

Les causes psychologiques sont les impressions produites sur certaines natures affinées, sensibles, par les circonstances fâcheuses, surtout par les déceptions et les mécomptes de la vie. Le désenchantement et la désespérance pénètrent ces âmes pour ne plus les quitter.

Enfin les causes morales sont les pensées de l'homme désabusé ou irrité qui, obsédé par la lutte sourde que se livrent perpétuellement dans le monde les deux principes du Bien et du Mal, attristé par les séries de défaites que le Bien subit en lui et hors de lui, n'augurant d'ailleurs que misère de l'issue du duel, si ce duel comporte une issue, se révolte contre le réel dans tous les domaines au nom d'un idéal qui recule dans le rêve.

On le voit, il n'y a pas de système dans cette
tristesse. Quelle que soit la durée de la malédiction proférée contre la vie, cette malédiction est conditionnelle, il suffirait d'un bienfait
exceptionnel, parfois indéfini, mais toujours dé-
siré, pour rendre la vie acceptable à ces Job, à
ces Saül, à ces Pascal et à ces Byron. Quant au
bienfait postulé, les uns l'ont senti, comme Job,
comme Pascal; les autres l'ont au moins signalé,
comme l'Ecclésiaste; certains l'ont toujours
ignoré, comme Leopardi. Pascal appelle l'homme
un roseau pensant et se venge de l'univers qui
l'écrase en criant à cet univers automate qu'un
triomphe dont on n'a pas conscience ne vaut rien :
mais un Leopardi ou un Alfred de Vigny ne voit
que le roseau d'une part, l'écrasement de l'autre
et par surcroît une douleur indicible pour le
roseau qui a conscience de son irrémédiable
détresse. Il y a donc, même dans ce cadre mis
à part du pessimisme spontané, deux places à
marquer : l'une pour les contempteurs de la vie
qui ont une consolation en réserve, l'autre pour
les désespérés qui n'attendent de délivrance que
de la mort.

Mais, comme on le voit, tout cela n'est pas

encore le pessimisme contemporain, cette com-
binaison de l'état psychologique ancien avec la
philosophie du siècle.

Une différence énorme nous frappe dès l'abord :
ce n'est pas la notion de la vie qui la détermine,
c'est la sensation procurée par l'*idée de la mort*.
Le pessimisme contemporain au degré le plus
récent, qui promène à travers l'universalité des
choses son insurmontable dégoût et qui ne par-
vient jamais à dépouiller cette robe de Nessus
de l'ennui qui dévore tout l'être, subit la mort,
mais avec la même lâcheté qu'il subit la vie.
Comment l'aimerait-il, puisque rien ne le tente,
pas même le vide? Bien plus, quand le vide l'attire
(car aucune sensation étrange ne lui est épar-
gnée), son incurable *aboulie* paralyse son effort
et jusqu'à son désir même de suicide! Tel n'est
point le cas du pessimiste ancien, qui aime la
mort d'une passion plus ou moins sincère ou qui
lui témoigne une parfaite indifférence. Sénèque
(*Ad Marciam*, X) l'appelle la meilleure inven-
tion de la nature. Cicéron ne pense pas autre
chose (cf. *Tusculanes*, *passim*). Marc-Aurèle
(L. IX, sect. III) y voit un bien positif : « O mort,
ne retarde pas ta venue! » Plutarque ne sort pas

de ce système de consolation voulue. Lucrèce,
que M. Caro et beaucoup d'autres n'auraient pas
dû taxer de pessimisme sans faire d'expresses
réserves, car il a été l'homme le plus enthousiaste
de son époque, a comme Pascal placé l'orgueil
de l'homme dans la connaissance de sa faiblesse
réelle, et s'est vanté d'attendre la mort comme
on attend le sommeil : cet épicurien doublé de
stoïcien garde dans le suicide une ressource
éventuelle contre les atermoiements du Destin.
Leopardi monte sur le trépied sacré pour exalter
la *gentilezza del morir* et s'il ne devance pas les
temps, c'est par charité, c'est parce qu'il redoute
sincèrement de faire de la peine à ceux qu'il
aime. N'avons-nous pas plusieurs degrés à fran-
chir avant d'arriver au type de ce Simon de
l'*Homme libre* qui dès l'enfance « savait se
faire pleurer d'amour pour sa famille en songeant à la douleur qu'il causerait s'il se suici-
dait » ?

Encore moins devons-nous appeler du nom de
pessimistes les Antoine et les Cléopâtre avec leur
Académie τῶν συναποθανουμένων (des Associés pour
la mort), dernier raffinement d'épicurisme des-
tiné à procurer l'ivresse d'une mort élégante

aux amants passionnés de la « vie inimitable »
lorsque la coupe des jouissances est vide.

La difficulté de dénombrer les anciens pessimistes d'une façon à peu près exacte vient de ce
qu'on est enclin à confondre cet état mental avec
quelques manifestations différentes, en particulier la *misanthropie* et la *mélancolie*. De même
en littérature on sera porté à donner ce nom à
des hommes qui, dans leur langage et dans leur
style, ne font que céder avec plus ou moins de
sincérité aux nécessités du genre dont ils se
réclament. J'estime que ce sont là deux sources
d'erreurs plus fréquentes qu'on ne pense généralement.

§ 2. — La misanthropie.

Voici par exemple la *misanthropie*. Le misanthrope est-il nécessairement un pessimiste? Oui,
mais il ne l'est qu'à l'égard de la nature humaine,
qu'il déprécie parce qu'il généralise ou prodigue
à tort les penchants vicieux. C'est en outre un
censeur de la conduite, des sentiments et des
opinions de ses congénères, mais un aigri; il

devient forcément un solitaire ou un chevalier
de la Triste Figure, avec le léger ridicule dont
Molière nuance son héros. Alceste est ridicule,
car, comme l'observe fort justement M. Faguet,
se lamenter sur des infortunes qui sont en
somme le lot commun de tous les hommes, c'est
une attitude « qu'on ne pardonne qu'à l'extrême
jeunesse ». Encore, ajouterai-je, cette attitude
doit-elle être franchement naïve. On ne la tolère
qu'à la faveur de son ingénuité. Le misanthrope
adulte oscille perpétuellement sur la corde roide
entre l'égoïsme et la rudesse, grossier s'il mori-
gène, hypocrite s'il se tait; inconvenant s'il est
courageux, félon s'il est aimable. L'humeur d'Alceste ne l'empêche peut-être pas d'être un parfait optimiste, tandis que le doux Philinte peut
être un pessimiste désolé qui dissimule ses som-
bres convictions sous les dehors de l'homme du
monde. Un Mandeville pousse la misanthropie
railleuse du moraliste jusqu'au cynisme. Un
Swift, nature sauvage et cœur dur, s'indigne du
plat et sentimental optimisme des déistes de son
temps et jette son Gulliver comme un pétard dans
les jambes des précurseurs de Jean-Jacques.
Cette misanthropie se transforme enfin chez

Rousseau, qui vilipende la société au profit de l'individu surfait. Mais tout cela n'est pas le vrai pessimisme.

§ 3. — Genres littéraires.

Voilà d'autre part les *sermonnaires* qui certes ne se font pas faute, au nom du péché originel, de présenter la vie et la nature humaine sous leur aspect le plus sombre et le plus méprisable. Au regard de la loi divine ils ne découvrent partout que souillures, misères et crimes. Le curé Réguis, Bourdaloue, les prédicateurs méthodistes, ceux dits du Réveil sont loin d'avoir une notion aimable de la vie terrestre. Mais on n'ignore pas que l'orateur de la chaire a des licences professionnelles qui seraient refusées au moraliste; on sait aussi qu'indépendamment de la doctrine des deux cités de valeur inégale, il exagère souvent dans la forme pour forcer l'attention quant au fond. Ce n'est pas une raison pour attribuer à Bourdaloue et Schopenhauer une même éthique, imposant à l'homme la *pen-*

sée de la mort comme unique raison de la vie, —
ce que n'a pas craint de faire M. Brunetière.

La *satire*, le *pamphlet* ne doivent pas davantage, même lorsqu'ils sont poussés au dernier
degré de l'amertume, de la causticité et de la
virulence, mériter à leurs auteurs le nom de pessimistes authentiques. Le poète Juvénal ne l'est
pas plus que l'historien Tacite ou l'indiscret
Saint-Simon, et les satiriques du xvıᵉ siècle ne le
sont pas plus que les pamphlétaires du xvıııᵒ, pas
autrement que Henri Heine, à la fois l'un et
l'autre au xıxᵒ.

Un ouvrage tel que *Candide ou l'Optimiste* a
dérouté bien des critiques vulgaires. Partant de
ce point de vue que Voltaire était un disciple de
Pope, quelques-uns ont cru voir dans ce roman
fantaisiste une apologie de l'optimisme leibnizien,
alors qu'il est au contraire une maîtresse satire
de cette chimérique notion de la vie. Dans son
poème sur le désastre de Lisbonne, Voltaire soutient exactement la même thèse sans fiction ni
mystère cette fois. Il est vrai qu'il introduit une
restriction déiste : « Le *Tout est bien*, sans
l'espoir d'une vie future, n'est rien qu'une insulte
aux chagrins de la vie. » N'est-ce pas lui qui a

écrit : « Le bonheur n'est qu'un rêve et la douleur est réelle; il y a quatre-vingts ans que je
l'éprouve »?

Enfin de nos jours quoi de plus pessimiste dans
le ton que les *Iambes* de Barbier? Nous y trouvons
des morceaux que nous serions tentés d'attribuer
à un décadent quelconque : c'est le Progrès, les
Homicides, la Machine, la Reine du Monde, les
Victimes, la Cuve, mais surtout l'Amour de la
Mort et Desperatio, — deux titres significatifs!
Écoutez ce début :

> Comme tout jeune cœur encor vierge de fiel
> J'ai demandé d'abord ma poésie au ciel :
> Hélas! il n'en tomba qu'une réponse amère.....

Le ciel? qu'est-ce donc? c'est :

> ... L'orbite sans fond dont l'homme a crevé l'œil.

La terre?

> La terre! ce n'est plus qu'un triste et mauvais lieu,
> Un tripot dégoûtant où l'or a tué Dieu!

La mort alors? La mort! la voici :

> Souviens-toi, moribond, que là-haut tout est vide;
> Va dans le champ voisin, prends une pierre aride,
> Pose-la sous ta tête, et, sans penser à rien,
> Tourne-toi sur le flanc et crève comme un chien.

Ceci a été écrit en 1831. La fin est digne de notre âge; mais comme le début est poncif! Aujourd'hui un jeune cœur ne demande pas d'abord sa poésie au ciel, par la triple raison qu'il ne croit plus au ciel, que les autres « jeunes cœurs » n'y croient pas davantage, et que ni les autres ni lui ne sont vierges de fiel.

D'ailleurs tout cela est de la *satire*; Barbier est une conscience qui rugit et non un cerveau qui sépare ses fibres.

§ 4. — La mélancolie.

J'ai parlé de la *mélancolie*. Il serait injuste de confondre sa cause avec celle du pessimisme même irraisonné. Il y a entre ces deux états la même différence qu'entre le noir et le violet, quelquefois même le lilas. La mélancolie est donc loin de déplaire ou de rebuter : elle a son charme propre, d'autant plus distingué qu'il est fait de demi-teintes et de nuances délicates. Elle est très humaine et convient fort à la poésie. Quand elle enfante le désespoir, ce désespoir

participe de la grâce maternelle. Ah! ce n'est
pas elle qui blasphème et qui sacre!

> Nos chants désespérés sont nos chants les plus beaux
> Et j'en sais d'immortels qui sont de purs sanglots.

Soit; c'est l'histoire de toutes les poésies
lyriques depuis Théognis et, chez les Grecs,
Ménandre et Sophocle ont été plus tristes encore
quand ils ont répété l'aphorisme de Silène
enchaîné par Midas qu'il vaut mieux ne pas
naitre que naitre et mourir jeune si l'on n'a pu
éviter de naitre. Les chorèges, accablés sous le
poids de la Μολπα, exhalent une plainte continue,
mais résignée. Chez les Latins, Virgile a été un
mélancolique :

> *Sunt lacrimæ rerum et mentem mortalia tangunt.*

Mais chose étrange! il faut ensuite descendre
jusqu'à notre siècle pour trouver en France la
mélancolie, prélude mélodieux des cacophonies
qui ont suivi. Mme de Staël s'y intéresse et la
définit, parce qu'elle la découvre au fond de
toute âme allemande : elle la répand avec le
spleen britannique dans le caractère et le cœur
de son Oswald, qu'elle oppose à Corinne. Elle

l'entretient dans son commerce avec Benjamin Constant, un pessimiste pratique de la première heure celui-là! Grâce à elle, la France apprend à connaître l'Allemagne. Or toute la période qui suit en Allemagne l'apparition de *Werther* (1774) est une période de rénovation qui fait la plus large part au romanesque mélancolique. Werther, voilà donc, dans les temps modernes, l'ancêtre incontestable du romantisme et du pessimisme, bien qu'il n'ait connu ni la philosophie de Schopenhauer ni la haine de la vie en tant que vie : il se fût certainement accommodé de l'existence s'il avait pu en partager les misères avec Charlotte. Mais il introduit dans la littérature la fameuse analyse du moi, ce triomphe du roman psychologique contemporain. Werther et Faust sont deux sarments destinés à provigner. La question du suicide est posée en même temps que celle du *mal de vivre*. Désormais le branle est donné.

En Angleterre, la sombre mélancolie des héros de Shakespeare, en particulier le pessimisme des Macbeth et des Hamlet, se retrouve dans les poésies de Shelley comme dans son drame des *Cenci*, récemment représenté à Paris. Byron

avec son *Lara* doit être considéré comme l'un
des maîtres appartenant à cette tendance psychologique, et son influence a été universelle.

En France, il faut signaler comme des chefs-
d'œuvre dans le genre mélancolique le plus
accentué certains poèmes de Musset, en particulier *Rolla*; mais *les Nuits*, *l'Espoir en Dieu*, les
comédies et proverbes avec Célio, Fortunio, etc.,
participent de la même façon méprisante de con-
cevoir la vie. On doit relever dans l'œuvre de
notre grand élégiaque Lamartine les *Médita-
tions*, dont la septième a nom le Désespoir.

CHAPITRE II

NAISSANCE DU PESSIMISME LITTÉRAIRE FRANÇAIS

---

§ 1. — Les précurseurs.

Les vrais fils de Werther (qui lui-même descendait d'Hamlet, j'imagine), les vrais ancêtres français de nos pessimistes de la première comme de la seconde période, les vrais premiers-nés de la littérature subjective, ceux qui dépassent franchement la mélancolie, ce sont les deux personnages bien connus de *René* et d'*Obermann*. On connaît le fond de la pensée de *Chateaubriand* : « Je m'ennuie, je m'ennuie, je bâille ma vie. — Qui me délivrera de la manie d'être? — Je remorque avec peine mon ennui

avec mes jours. » Il ne détestait pas de le faire
savoir au monde, — sans faire attention que le
bâillement est souvent contagieux. René rongé
par un amour sans issue, brisé par une lutte
inutile, va perdre sa désespérance dans les soli-
tudes d'Amérique. Il y a du *panache* dans ce
grand premier rôle de misanthrope. Pourtant je
n'hésite pas à dire avec M. Faguet que c'est Chateaubriand qui donne le jour à la littérature
moderne encore vivante. C'est déjà cet « étalage
magnifique du moi » qui nous obsède et nous
excède aujourd'hui.

Obermann, plus subtil dans ses douleurs que
René, Chactas ou Eudore, plus près de nous par
conséquent, « ne sait ni ce qu'il est, ni ce qu'il
aime, ni ce qu'il veut, gémit sans cause, désire
sans objet, ne voit rien sinon qu'il n'est pas à sa
place, enfin se traîne dans le vide et dans un
désordre infini d'ennuis ». Voilà bien le solipsiste
déjà muni de ses principaux organes; ce n'est
plus la monère, c'est déjà l'homme primitif.
Chacun peut le reconnaître et reconnaître l'auteur à son héros. Par son *Traité de l'Amour*,
Senancour ne se rattache pas moins évidemment
à la filiation pessimiste la plus authentique. Ce

n'est pas l'auteur de *l'Amour moderne* qui le contestera.

Après lui, voici *Alfred de Vigny*, que notre génération délaisse un peu et qui ne reste connu à plusieurs que par le scandale du suicide de Chatterton sur le théâtre de 1835. Mais ce pessimiste de race est un ancêtre direct des Ackermann et des Richepin par ses blasphèmes, un Léopardi français plus amer encore que son émule. C'est le vrai martyr de la tendance, car il voudrait croire et ne peut pas. « Il est bon et salutaire de n'avoir aucune espérance », dit-il avec les doctrinaires de l'école. S'il introduit un jeune homme exceptionnellement doué qui se suicide, Dieu lui demande : « Pourquoi as-tu détruit ton corps? » et lui de répondre : « C'est pour t'affliger et te punir. » C'est un désespéré d'autant plus frappé qu'il est sincère alors qu'il n'a aucune raison personnelle de haïr la vie.

Citons enfin, à cette époque de véritable révolution dans tous les domaines, le nom de *Benjamin Constant*, qui mérite une mention spéciale, car il est le prototype du pessimiste de tempérament, romancier, psychique, mondain, politique et blasé. Ce parangon du libéralisme impénitent,

ce « maître d'école de la liberté », on ne le sait
que trop depuis la publication récente de son
Journal et de sa Correspondance, était dans la
vie privée un don Juan, comment dirai-je? *aube-
de-siècle*, un analyste en quête de sensations
renouvelées, croyant toujours saisir l'idéal con-
voité et n'en étreignant partout que le fantôme,
aimant à expérimenter son pouvoir fascinateur
sur les femmes, qui l'ont fasciné à leur tour, et
sur les hommes, qu'il n'a jamais su mener; pas-
sionné pour tout, surtout pour l'inconnu, mais
aussitôt désenchanté. L'autobiographie d'*Adol-
phe* qui date de 1815 a eu les honneurs mérités
d'une préface de M. Bourget en 1889. M. Barrès
ne s'y est pas trompé : la même année, il faisait
de l'auteur un patron de l'égoïsme orthodoxe,
un confesseur des anachorètes du solipsisme : il
célèbre en son honneur une « huitaine » impor-
tante à la façon des colloques de Saint Ignace de
Loyola, terminée par cette ardente oraison : « Je
te salue avec un amour sans égal, grand saint,
l'un des plus illustres de ceux qui, par orgueil
de leur vrai Moi qu'ils ne parviennent pas à
dégager, meurtrissent, souillent et renient sans
trêve ce qu'ils ont de commun avec la masse des

hommes. » Vrai Polyeucte de la religion nouvelle, M. Barrès a trop de zèle. Il exagère quand
il dit à son héros avec un enthousiasme plein
d'envie : « C'est le désir même que tu recher-
chais; quand il avait atteint son but, tu te
retrouvais stérile et désolé. » Eh bien, non, si
dévasté qu'ait été son organisme par des émo-
tions cherchées, il n'a pas fait des raffinements
du désir les symboles artificiels d'un culte
byzantin, comme son admirateur a fait : il s'est
vraiment laissé vivre, sans succès d'ailleurs,
impuissant jusqu'à la mort. Nous serions assez
de l'avis de M. France qui ne souhaitait ni la
damnation ni la canonisation de ce cérébral vraiment sincère, déçu et malheureux : nous incli-
nons à voir en lui un misanthrope ennuyé, un
sceptique paralysé, dévoré par toutes les convoi-
tises de la chair et de l'âme, qui restait un assoifé
de tout alors qu'il ne croyait ni au bien ni au
plaisir, ni à rien. Ce masque d'indécis a été oublié
par M. Allier dans son musée des défaillants de
la volonté. « Une impression que la vie m'a faite
et qui ne me quitte pas, c'est une sorte de terreur
de la destinée..... Mon abominable faiblesse me
tient toujours en suspens..... une puissance ma-

thématique me domine..... journée affreuse d'in-
décision..... » Tout son journal est là. Au fait, je
le reconnais, ce Genevois! C'est l'Helvète Amiel,
moins la conscience.

Il faut placer ici un homme dont nous avons
déjà prononcé le nom et qu'on s'étonne peut-être
de voir apparaitre si tard, *Leopardi*. Quelques
critiques n'hésitent pas non seulement à le ranger
parmi les philosophes, mais à faire de lui un
apôtre antérieur à Schopenhauer, par conséquent le véritable inventeur du système et l'*im-
presario* du mouvement. C'est ainsi qu'a procédé
M. Caro, le seul en France qui ait étudié à
part le pessimisme philosophique, aux destinées
duquel préside d'après lui la trinité bien connue
de Leopardi - Schopenhauer - Hartmann. Nous
persistons à le rattacher plutôt à la lignée des
pessimistes instinctifs. C'est le Lucrèce de l'école
moderne, d'accord; mais il reste un poète, ins-
piré comme Byron, créant sa cosmologie comme
Sully-Prudhomme. C'est un frère de Lara, bien
qu'il raisonne sur la Destinée. La théorie des
trois stades que parcourt la pensée humaine
dans sa folle recherche du Bonheur, la solution
négative par la Mort, tout cela ne prouve rien

contre notre thèse. Sa notion de l'*infelicità* universelle et incurable d'une part, de l'autre le
plaisir positif qu'il déclare trouver dans cette
philosophie même du Désespoir (*Let. à Giordani*)
montrent suffisamment qu'il s'agit là d'une lésion
psychique, le « mal du siècle », qui a sa racine
dans tout l'être plutôt que dans la conscience
prise isolément. On perd toute hésitation à cet
égard quand on apprend qu'il souffrait d'une
maladie de langueur et que son patriotisme tou-
chant mais exalté était la seule passion de sa vie.
Ce cœur sensible à l'excès n'a éprouvé que des
déceptions du côté des affections humaines. C'en
est assez pour expliquer ce « sombre amant de
la mort », le « pâle Leopardi » apostrophé par
Musset. Il a tout simplement pétri dans sa chair
souffrante et dans son âme ulcérée les formes
admirables de ses *canzone*, ailes poétiques qu'il
a su attacher à son cruel désespoir. Que Dieu
pardonne à ce pauvre orphelin, qui avait crié
dans sa jeunesse : « J'ai besoin d'aimer ! amour,
amour, feu, enthousiasme, vie ! » et qui n'avait
vu que la Mort, la froide amie, répondre à ses
appels de tendresse !

§ 2. — Stendhal.

J'ai presque honte d'évoquer à côté de cette triste, mais belle figure de Leopardi, l'ombre assez inhumaine de ce calomniateur de notre race qui se cache sous le pseudonyme de Stendhal. Saluez en lui le père légitime du pessimisme pervertisseur et homicide, celui qui énerve la volonté, qui essouffle l'esprit, qui *cristallise* le cœur et qui empoisonne les sources mêmes de la vie. Si l'incrédulité radicale à tous les plaisirs de la vie provient d'une observation imparfaite et se résout « en ces formules abstraites et ces inductions précipitées qui ne résistent ni au raisonnement ni à l'expérience », dont parle Guyau dans sa remarquable et substantielle critique du pessimisme, comment faudra-t-il juger l'homme qui fait aujourd'hui les délices des outranciers de l'analyse? Voilà une destinée étrange. En 1834, il se vante d'avoir écrit ses romans pour cent lettrés en Europe (préface de *l'Amour*). On le croit sur parole et on fait le décompte : il est exact. Mais il ajoute : « Je serai compris vers 1880. » Or, en 1880, il est proclamé le plus sug-

gestif des psychologues, le génie du siècle, le
Mahdi des lettres, « l'homme-source », comme dit
ironiquement M. Claveau! Évohé! Stendhal est
roi! Deux prophéties coup sur coup réalisées,
cela donne une idée de sa haute puissance de
pénétration.

Pourquoi donc ce changement de fortune?
Son siècle était, dit-on, trop jeune pour le lire.
Ses héros ne rendaient aux lecteurs contemporains aucune physionomie constatée dans leur
entourage ou, ce qui est plus grave encore,
pensée par eux. Le compliqué n'était ni décou-
vert, ni découvrable. De nos jours, au contraire,
les temps sont mûrs pour l'avènement de cet
abstracteur de quintessences, qui fait de la littérature par des procédés chimiques. Toutes les
pièces qui composent le mécanisme des romans
actuels sont éparses dans les siens. *Le Rouge
et le Noir, chronique du* XIXᵉ *siècle,* voilà le tes-
tament de celui que M. Bourget appelle *le Maître*
parce qu'il « représente prématurément quelques-unes de nos manières de jouir et de souf-
frir, bien qu'il y ait entre lui et nous ce vaste
cimetière de deux générations mortes ». Qu'est
donc son esprit? Une « façon de sentir » plus

qu'une « façon de penser ». On retrouve partout dans ses œuvres l'artiste et le philosophe, le sensualisme des Condillac et des Tracy, le mépris de la religion et de la mort, le paradoxe, le cosmopolitisme contemporain, des confidences et des causeries.

La mesure du temps joue un grand rôle chez Stendhal : lui, l'écrivain, réclame un quart d'heure pour placer un adjectif ; quant à son Julien Sorel, type désormais célèbre, c'est un amoureux qui dresse le programme minutieux de ses journées : les heures sont marquées comme pour un service des trains. Ce jeune premier qui est un élève des jésuites, comme le sera l'*homme libre*, a pu être appelé un Chérubin chronomètre. C'est que Stendhal qui cherche toujours à « raconter avec sincérité ce qui se passe dans son cœur », comme il dit lui-même, oblige ses personnages à faire de même : de là leurs soliloques abusifs, ces équations perpétuelles, cette mécanique morale que Sainte-Beuve n'a pas appréciée, lui qui cependant a les honneurs d'un *colloque* de M. Barrès ! Il est vrai que ce n'est pas au critique embourgeoisé, mais au jeune homme idéologue que s'adresse le culte.

Mais pour revenir à la méthode de Stendhal, c'est la notation par le héros des sensations multiples et contradictoires qu'il éprouve à mesure qu'elles se succèdent. En résumé, c'est le bien et le mal se promenant avec ironie dans une âme, pour la plus grande satisfaction du spectateur qui regarde ce microcosme au microscope ; et le spectateur, c'est l'acteur. M. Bourget trouve dans cette analyse sublimée, dans cette incandescence de cerveaux transformés en alambics d'une activité ininterrompue, l'intuition exacte de l'état psychologique de l'élite contemporaine et considère Stendhal comme condamné à ne peindre que des créatures supérieures ! Hélas ! l'assassin Sorel est un bien triste sire malgré son intelligence ! Le *beylisme* (le mot est de Stendhal lui-même) enseigne l'orgueil de l'individu s'isolant pour s'affranchir cyniquement des obligations de la famille et de la société : ses modèles de choix sont Tartufe et Napoléon. Oui, comme le dit M. Bourget, c'est bien « une bête de proie allant à la chasse avec les armes de la civilisation ». Le pessimisme est là, triomphant. Stendhal confesse qu'une telle philosophie est de nature à faire désirer la mort. Certes, le pro-

blème nous touche! nous nous demandons aussi
parfois avec le disciple distingué d'un tel maître
si l'homme en se civilisant « n'a fait vraiment que
compliquer sa barbarie et raffiner sa misère ».
Mais nous refusons absolument de retenir comme
une réponse satisfaisante la « virile énergie » de
ce néo-stoïque « qui voit l'abîme noir de la destinée, qui ne sait pas ce que cet abîme lui
cache, — et qui n'a pas peur ». Décidément il
nous faut chercher encore une solution moins
brutale de l'éternel problème.

§ 3. — Le romantisme.

Donc deux générations mortes nous séparent
de ce revenant, au dire de M. Bourget. Eh bien,
ces deux générations, nous les nommerons la
romantique et la pessimiste romantique (ou
pessimisme de la première manière). Nous ne
parlerons pas aujourd'hui de la seconde, qui se
place d'elle-même dans le chapitre des manifestations pessimistes contemporaines positives à
titre d'introduction, sinon de premier paragraphe.
Mais nous devons signaler ici le romantisme

comme la période de transition évidente entre
les anciennes mœurs et les nouvelles, entre la
tradition synthétique classique qui persistait à
sucer jusqu'à complet épuisement le corps désormais exsangue de l'antiquité gréco-romaine, et
la tradition analytique réaliste, qui attaque avec
avidité l'homme vif de notre époque, et qui le
vivisecte. M. Bourget n'a pas l'air de croire que
celle-ci durera trop longtemps : je ne le crois
pas non plus, car le bon sens et le goût public
exigeront bientôt que pour continuer à vivre,
elle aille de plus en plus soigner sa névrose à la
source bienfaisante des idées générales.

Le règne de Louis-Philippe et la seconde
République ont été la vraie époque du romantisme flamboyant. Je n'ai pas compté Diderot, le
père du romantisme, parmi les pessimistes d'instinct, malgré quelques-unes de ses lettres à
Sophie Volland et quelques pages amères de ses
romans : mais vous avez déjà relevé au passage
les noms des mélancoliques, Mme de Staël, de
Vigny, Lamartine, Musset, du satirique Barbier,
des analystes B. Constant et Sainte-Beuve.

Sainte-Beuve ! Nous le retrouverons vivant
dans la période du pessimisme de la première

7

manière; mais combien changé! Devenu maté-
rialiste militant et critique d'un goût sévère, cet
arbiter elegantiarum sera mort à la tendance
caractéristique de *Werther carabin* qu'il repré-
sentait dans le *cénacle*. Il est assez curieux de
voir ce médecin *raté* — qu'on nous passe l'expres-
sion, — transporter dans la poésie, dans le roman,
puis dans la philosophie, cette anatomie qu'il
goûtait si peu à l'amphithéâtre. C'est lui, le
poète de *Joseph Delorme*, qui écrit à propos
d'un héros de roman du type analyste : « J'ose
dire que je comprendrais mieux son infortune
s'il me l'expliquait un peu moins. » En effet, dix
ans après *Volupté*, le romancier mystico-sen-
suel « de la chair et de l'esprit », introduit dans
la docte maison que l'on sait, où les murailles
sont de papier saumon, doute de ses anciens
amis : « Il y a, prononce-t-il, des années critiques, climatériques, comme disaient les anciens
médecins : palingénésiques, comme disent les
modernes philosophes.... ne sommes-nous pas
sous l'aspect littéraire et moral à un de ces
moments?... N'aura-t-on eu décidément que de
beaux commencements, un entrain rapide et
bientôt à jamais intercepté?... N'aura-t-on à livrer

à l'œil du jaloux avenir que des phénomènes individuels, plus ou moins brillants, mais sans force d'union?... Ne sera-t-on en masse et à le prendre au mieux qu'une belle déroute? » Hélas ! que dirait donc aujourd'hui ce désabusé de la critique? Déroute ou débâcle?

On a dit avec raison que le romantisme n'était pas seulement une bataille littéraire, mais une réaction du sentiment, pendant les années de paix qui suivirent les effroyables orages de la République et de l'Empire. M. Allier, entre autres, y voit « le frémissement ineffable et douloureux de sensibilités profondément ébranlées ». La soif d'action persiste quand l'action n'est plus et les drames de la fiction se substituent au drame réel, dans une orchestration violente des passions et des sentiments de la race où le thème de l'exception domine toute la symphonie. C'est l'intensité de la rêverie folle et invraisemblable des romantiques de la grande époque qui plongera Flaubert dans l'autre rêve, celui du pessimisme romantique.

On comprendra que nous puissions clore dignement cette galerie des précurseurs appartenant à la première des deux générations indi-

quées par M. Bourget sans faire autre chose que
rappeler aujourd'hui le grand nom de Balzac,
cet initiateur du réalisme pessimiste, ce maître
puissant, tout prévenu et incomplet que soit
resté son génie, ce chirurgien d'âmes si diverse-
ment jugé dont le chef du naturalisme contemporain se réclame avec toute son école. Il y aura
lieu de distinguer plus tard ce qui sépare les
disciples d'un tel chef, qui ne les a jamais direc-
tement enseignés et qui n'a jamais eu par conséquent soit à les louer, soit à les désavouer. Mais
Balzac, bien que mort en 1850, par l'influence
appartient incontestablement à la période du
second Empire. Il y aurait quelque artifice voisin
de l'anachronisme à faire de lui un contemporain
authentique de Beyle ou du romantisme.

§ 4. — Conclusion.

Notre étude des Origines est terminée. N'est-ce
pas Goethe qui disait : « Les chimistes nous
parlent de trois degrés de fermentation : le vin,
puis le vinaigre, puis la pourriture. Les écrivains
français se plaisent en ce moment à vivre dans

ce dernier degré. » Il songeait alors aux romantiques. Aujourd'hui c'est ainsi que l'on parle des
naturalistes. Ainsi probablement parlera-t-on
toujours des méthodes nouvelles dont le contemporain ne perçoit vivement que les excès.
Nous avons vu ce que Sainte-Beuve disait de
son pays vers 1845. Mais nulle page ne trahit un
pessimisme critique plus cinglant et plus indigné
que la série de jugements portés sur *la France
en 1857, au point de vue moral et religieux* par
un des hommes d'élite qui ont le plus honoré à
notre époque le protestantisme français et la
patrie française, j'ai nommé Edmond de Pres-
sensé (*Revue Chrétienne*), à l'époque où le matérialisme bat son plein et où le réalisme enregistre
ses premières victoires.

Ils ne mouraient pas tous, mais tous étaient frappés.

· Oui tous, même la *Revue des Deux Mondes*,
dans une insinuation telle que celle-ci : « Le
dévergondage intellectuel est tel que même dans
des recueils habitués à se respecter on est exposé
à retrouver la littérature frelatée, qui ailleurs
remporte de si lucratifs succès. » Trente-trois ans
après, en 1890, le même vaillant moraliste écrit

dans la même Revue : « Pourquoi faut-il que la littérature d'imagination soit de plus en plus pervertissante?.... Triste fin de siècle que nous prépare en haut comme en bas une telle littérature, surtout quand on voit se développer à côté d'elle ce dilettantisme sceptique qui accorde une indulgence plénière à nos pires entraînements. »

A chaque lustre de notre siècle les arbitres qui se piquent de dignité font entendre des doléances et tirent des pronostics analogues. Faut-il en déduire quelque scepticisme? Dans tous les cas, qu'il s'agisse d'art ou de science, nous tenons à dire dès maintenant que pour nous, comme pour Ludovic Carrau, le vrai progrès universel sera toujours « dans le triomphe de la raison et de la liberté morale sur la nature et la fatalité », c'est-à-dire de l'esprit actif sur la matière passive. Et pour nous aider à croire en ce progrès, nous songerons parfois à cette simple note de Valtour : « Deux choses ont facilement raison de notre pessimisme : le sourire d'un ciel de printemps et un rayon d'amour dans le cœur. »

Nous avons rencontré chemin faisant dans cette revue des désillusionnés du passé les plus hautes personnalités philosophiques et littéraires du

siècle, quelques-unes évidemment grandes par
l'originalité ou par la force. Il est un nom que
nous aurions pu invoquer, car il semble impossible de parler des choses de l'art ou de l'intelligence dans ce siècle sans songer à lui. L'omettre
paraît une gageure; l'oublier, une mésaventure
irréparable. Le moins que nous eussions pu en
dire se trouve contenu dans cette fine sen-
tence de J.-J. Weiss : « Cet homme, dans ses
drames et dans ses romans, s'est fatigué la cer-
velle à enfanter des géants et des ogres, uniquement pour contrarier Boileau...; tout dès lors fut
ogre et géant. » Cet homme est un Français. Il a
été pour son pays à notre époque ce que Dante
avait été pour l'Italie au xive siècle et Shakespeare pour l'Angleterre au xvie ou au xviie, un
génie hors pair, isolé par sa gloire même. S'il a
rassemblé dans son œuvre toutes les vibrations
du romantisme, depuis le pamphlet le plus féroce
jusqu'au mélodrame le plus truculent, ç'a été
pour remplir un sacerdoce. Il s'est consacré
grand prêtre des déshérités de l'histoire et du
monde suivant l'ordre de Melchissédec, grand
justicier de l'univers. Chose étrange! cet infatué
naïf qui, comme l'a dit M. Faguet, a connu

« l'hypertrophie du moi », n'en a pas connu
l'hystérie. Voilà pourquoi j'ai passé sous silence
l'auteur de *Ruy-Blas*, du *Roi s'amuse* et des
Misérables.

Non, l'homme en qui a le plus rayonné et res-
plendi l'âme de la France au XIX° siècle, *Victor
Hugo* n'était pas pessimiste!

TABLE DES MATIÈRES

DEUXIÈME PARTIE

Origines littéraires.

Coulommiers. — Imp. PAUL BRODARD.

GRASSART, LIBRAIRE-ÉDITEUR

2, RUE DE LA PAIX, PARIS

ÉTUDE SUR LES ACADÉMIES PROTESTANTES

EN FRANCE AU XVIᵉ ET AU XVIIᵉ SIÈCLE

Par P. Daniel BOURCHENIN

Pasteur de l'Église réformée de France, Docteur ès-lettres

1 vol. in-8 . . . . 6 fr.

DE TANAQUILLI FABRI

Vita et Scriptis parisiensi literarum facultati disquisitionem hanc proponebat

P. Daniel BOURCHENIN

1 vol. in-8 . . . . 3 fr.

DANIEL ENCONTRE

SON ROLE DANS L'ÉGLISE — SA THÉOLOGIE

D'APRÈS DES DOCUMENTS POUR LA PLUPART INÉDITS

Par Daniel BOURCHENIN

1 vol. in-8 . . . . 3 fr.

RECHERCHES DE LA MÉTHODE

qui conduit à la vérité sur nos plus grands intérêts

AVEC QUELQUES APPLICATIONS ET QUELQUES EXEMPLES

PAR CHARLES SECRÉTAN

1 vol. in-12 . . . . 3 fr. 50

LA PHILOSOPHIE DE LA LIBERTÉ

Par CHARLES SECRÉTAN

1ʳᵉ Partie : L'IDÉE — 2ᵉ Partie : L'HISTOIRE

2 vol. in-8 . . . . 10 fr.

PAUL RABAUT

SES LETTRES A ANTOINE COURT (1739-1755)

Dix-sept ans de la vie d'un apôtre du désert, avec notes, portrait et autographe, par A. Picheral-Dardier, et une préface par Ch. Dardier.

2 vol. in-8 broché . . . . 12 fr.

PAUL RABAUT

SES LETTRES A DIVERS (1704-1794)

Avec préface, note et pièces justificatives, par CHARLES DARDIER

2 vol. in-8, broché . . 12 fr.

1892. — Coulommiers. Imp. PAUL BRODARD.